La vuelta al mundo en 15 mujeres

Verónica Zumalacárregui

La vuelta al mundo en 15 mujeres

Papel certificado por el Forest Stewardship Council®

Penguin
Random House
Grupo Editorial

Primera edición: febrero de 2022

© 2022, Verónica Zumalacárregui
© 2022, Penguin Random House Grupo Editorial, S.A.U.
Travessera de Gràcia, 47-49. 08021 Barcelona

Printed in Spain – Impreso en España

ISBN: 978-84-03-52253-4
Depósito legal: B-18886-2021

Compuesto en Mirakel Studio, S.L.U.
Impreso en Black Print CPI Ibérica
Sant Andreu de la Barca (Barcelona)

AG 2 2 5 3 4

Para las que han sido,
son y serán las mujeres de mi vida

15. LUBA Y LA FAMILIA 283

ÍNDICE

0. INTRODUCCIÓN 9
1. RAGNHILD Y LA IGUALDAD 13
2. ANNA Y LA SOLTERÍA 33
3. RIVKA Y LA FE 51
4. NIA Y EL AMOR 69
5. MEI Y LA HOMOSEXUALIDAD 87
6. ROU Y EL HOGAR 107
7. YAYOI Y LA VEJEZ 127
8. KRISTEN Y LA IMAGEN 147
9. ELENA Y LA CONCILIACIÓN 157
10. ISABEL Y LA CULTURA 187
11. LEO Y EL CARÁCTER 207
12. ELIZIA Y EL SEXO 223
13. SHEILA Y EL SACRIFICIO 243
14. NOHA Y EL ISLAM 261
15. LUBA Y LA FAMILIA 283

INTRODUCCIÓN

En su lecho de muerte, mi abuela me cogió la mano y me hizo prometerle que algún día me casaría y tendría hijos. Andaba preocupada la mujer porque por entonces yo ya rozaba los treinta años y acababa de dejarlo con un noviete. Tiempo antes llegó incluso a pensar que yo era lesbiana porque me había ido a vivir con una amiga. Le pareció rarísimo cuando se enteró de que me iba de casa de mis padres para compartir piso con otra chica. Estaba convencida de que aquello tenía que ser una tapadera. Yo me reía de estas ocurrencias, igual que me reí, entre lágrimas, cuando por fin le prometí que sí, que algún día formaría una familia. Como mujer, para ella eso era lo único que importaba: encontrar un marido y tener hijos.

De momento voy por el buen camino. Aunque no quiero casarme, tengo novio y unos cuantos óvulos congelados. Sin embargo, si mi relación se fuera al garete y nunca tuviera descendencia, para mí no sería el fin del mundo. Sería capaz de encontrar la felicidad en otros muchos aspectos de la vida. No porque yo sea una mujer más completa que mi abuela, sino porque mi educación y mi contexto histórico han sido radicalmente distintos a los suyos. Incluso si llego a formar una familia, mis hijos y su padre serán solo un planeta de todo mi universo, eso sí, probablemente el más importante. Sin embargo, habrá otros muchos que también me proporcionarán alegría y satisfacción: mi trabajo, mis múltiples hobbies, mis amigos, mi independencia financiera, mi sexualidad, mis momentos de soledad y, por supuesto, mis viajes.

Ha sido, precisamente, durante mis aventuras a lo largo de los cinco continentes donde he podido ver con mis propios ojos que, aparte del de mi abuela y el mío, existen otros muchísimos estilos de vida. En ocasiones, impuestos; en otras, elegidos libremente. Gracias a mi curiosidad y a las posibilidades que me ofrece mi trabajo he podido conocerlos desde dentro. En los setenta países que he visitado —algunos de ellos varias veces—, he conocido a muchas personas que me han deslumbrado, tanto hombres como mujeres. Sin embargo, han sido sobre todo mujeres quienes han conseguido inspirarme, quizá porque con ellas me he sentido más identificada. Muchas me han ilustrado con sus ideas, que en ocasiones he llegado a interiorizar hasta hacerlas mías. Otras tienen valores radicalmente opuestos a los míos, pero han querido compartirlos conmigo para ayudarme a entender por qué piensan así.

Este libro, escrito en primera persona, es un viaje por las vidas de quince mujeres a las que he tenido la suerte de conocer en persona. El viaje, que arranca en el norte de Europa, recorre Asia, Estados Unidos, varios países de América Latina, el África profunda, Oriente Medio y, por fin, España, donde empezó.

Cada capítulo cuenta, a través del testimonio de sus protagonistas, cómo es ser mujer en distintas partes del globo, abordando temas muy diversos que nos preocupan a todas, sea cual sea nuestro origen: el amor, la vejez, el sexo, la igualdad de género, el empleo, la conciliación familiar, la fe... Mirar estas cuestiones con los ojos de otras mujeres, todas ellas con perspectivas tan diferentes a las mías, me ha ayudado a tener una visión más amplia y abierta de la realidad. Ojalá las lectoras —y algún que otro lector— que se detengan en estas páginas, disfruten tanto como yo lo he hecho y se enriquezcan con las distintas culturas del maravilloso mundo en el que vivimos.

1

RAGNHILD Y LA IGUALDAD

—Ven, Verónica. Te voy a enseñar las aulas de cocina —me anuncia Ragnhild en un perfecto inglés, mientras me conduce por los pasillos del colegio donde es profesora.

—Anda, qué curioso. ¿Impartís clases extraescolares de cocina?

—No, no. De extraescolares, nada —me corrige ella—. Aquí en Noruega hay una asignatura obligatoria que se llama *Nutrición y Salud* y la reciben los niños de seis a catorce años de todos los colegios, ya sean públicos o privados. Y uno de los conceptos clave es que aprendan a cocinar.

Ragnhild me lo cuenta con cierta satisfacción. Se nota que está orgullosa de su país y del sistema de educación noruego. Tiene cincuenta y un años, el pelo rubio y largo, la tez muy clara y una nariz ancha. Es alta, fuerte y muy guapa. Aunque su semblante es serio, resulta una persona agradable y paciente. Apenas la conozco aún, pero me da la impresión de que tiene mucho mundo interior. Nos ha presentado una amiga común; una compañera suya de trabajo gallega que reside en Noruega. Además de pedagoga, Ragnhild es economista e historiadora, lo que le ha permitido involucrarse en todo tipo de proyectos en muchos lugares del mundo: desde trabajar dando clases de teatro en un campo de refugiados en Líbano hasta grabar un documental sobre la guerra civil en Guatemala. Y lo ha hecho al mismo tiempo que criaba a sus tres hijos. Ahora ejerce como profesora tanto en la UIB, la Universidad de Bergen, como en este colegio de la misma ciudad.

—Mira, ya están entrando los alumnos de segundo de secundaria —Ragnhild señala a un grupo de adolescentes rubios y de piel blanca—. ¿Te apetece presenciar una clase de cocina en noruego?

—No voy a entender nada, pero si tú me haces de intérprete, vale...

Al llegar a la puerta, veo que los alumnos están quitándose los zapatos para cambiarlos por unas sandalias específicas para esa aula. A continuación, todos se lavan las manos en un lavabo y luego se colocan unos delantales. Ragnhild me presenta a la profesora que va a impartir la clase y, cuando esta me invita a entrar, descubro una gran sala con varias estaciones de cocina instaladas. Cada una de ellas está compuesta por horno, vitrocerámica, fregadero y una encimera con diversos utensilios. Rápidamente, los estudiantes, repartidos por grupos, se sitúan en las distintas zonas de trabajo y dan comienzo a sus tareas.

—Hoy van a preparar *bidos*, que es un guiso típico hecho con reno, ¿ves? —explica Ragnhild en referencia a un chico que está cortando un lomo de carne con cierta dificultad—. Muchos de los platos que aprenden a elaborar son las recetas tradicionales noruegas.

—¿Y dices que esta materia es obligatoria aquí en Noruega? Si es que nos sacáis ventaja en todo, incluso en esto. Y mira que España está a la cabeza del mundo en gastronomía —digo mientras observo cómo la profesora enseña a usar la mandolina a una de sus alumnas—. A nosotros también nos vendrían muy bien este tipo de clases para conservar el recetario tradicional, que es parte de la cultura de nuestro país y que desgraciadamente se está perdiendo.

—Sería lo suyo. En España se come muy bien —admite Ragnhild guiñándome uno de sus bonitos ojos grises—.

Pero, más allá de eso, el propósito es que los alumnos consigan ser autosuficientes. La educación noruega está muy enfocada a que cada ciudadano sea libre, autónomo y no dependa de nadie para su día a día. Por eso hay muchas asignaturas optativas que van en esa línea, como carpintería, costura, economía doméstica o cultivo del propio huerto.

Me encanta la idea de que niños y niñas aprendan desde pequeños a llevar las cuentas de casa, a cogerse el bajo de un pantalón y a reparar una puerta rota, sin distinguir entre las tareas que históricamente han sido propias del hombre o bien propias de la mujer. Me planteo si esta es una de las razones de que en Noruega la igualdad de género no sea una entelequia, sino una realidad. ¿Qué piensa Ragnhild al respecto?

—Sin duda, ese es uno de los motivos de que aquí haya paridad, pero no el único. —Va lavando unas zanahorias que entrega a un estudiante—. En ello también tienen mucho que ver nuestros orígenes. En Noruega nunca ha habido nobleza; toda la población ha pertenecido desde siempre a la clase trabajadora. Mientras los hombres pescaban, las mujeres se ocupaban de las granjas, además de cuidar a los niños, claro. Las labores físicas no las desempeñaban solo los varones.

—¿Quieres decir que aquí la mujer nunca se ha considerado *el sexo débil* porque físicamente siempre ha estado a la altura del hombre?

—Algo así. Aquí ambos sexos sabemos desenvolvernos en casi todas las circunstancias o, al menos, defendernos. Yo sé cazar, cambiar las ruedas del coche y labrar la madera para construir muebles. ¿Y sabes quién me enseñó a hacer todo eso? Mi madre.

Puede que, en Noruega, las raíces hayan marcado inicialmente la senda de la igualdad, pero estoy segura de que también se ha trabajado mucho para alcanzarla. No en balde, Noruega se considera el mejor país del mundo para ser mujer, atendiendo a la calidad de vida, la equidad y la seguridad. Ya en 1884 se creó la Asociación Noruega para los Derechos de las Mujeres. Lo curioso es que la fundó un grupo formado por ciento setenta personas entre las que había muchos hombres, incluidos varios ministros. Los noruegos también fueron los primeros en crear una Ley de Igualdad de Género, allá por los años setenta. El resultado es que, a día de hoy, el 42% de los cargos directivos de las empresas de Noruega los ocupan las mujeres; una cifra que supera la de cualquier otra nación. En España, por poner un ejemplo, el porcentaje de mujeres directivas es del 34%.

—Yo creo que este tipo de leyes son necesarias para alcanzar una equidad que a día de hoy no existe —digo—. ¿Cómo vamos a lograrlo si no provocamos cambios tangibles? Sin embargo, yo sé que hay mujeres en contra de la discriminación positiva porque consideran que celebrar el 8M u obligar a las empresas a contratar más mujeres significa reconocer nuestra desigualdad con respecto a los hombres.

—En Noruega ha habido mucha discriminación positiva hacia las mujeres, y ha demostrado ser muy útil —dice Ragnhild.

—¿Qué tipo de normativas crees tú que son esas que han ayudado a alcanzar la igualdad?

—Por ejemplo, las chicas por ley reciben puntos extra para favorecer su entrada en carreras universitarias con poca representación de la mujer. O, en materia de política, en los órganos municipales hay un 40% de mujeres como mínimo. La Ley de Igualdad de Género no ha de interpretarse como un conjunto de políticas obligatorias, sino como deberes pendientes, necesarios para conseguir que esa igualdad sea efectiva. A la postre, es entrenar a los ciudadanos en la democracia.

—¡El *bidos* ya está listo! —interrumpe la profesora de cocina—. ¿Has visto qué bonita han puesto la mesa? —me dice apuntando con la barbilla a las servilletas enrolladas encima del plato—. Eso también se califica: comer empieza por los ojos y tiene que haber una armonía estética.

—Ven, siéntate aquí a mi lado —me dice Ragnhild—. Vamos a probar el plato. Hoy vas a ser tú quien evalúe.

—¡Uy! Qué presión —Aunque ya sé que voy a ser muy benevolente con el guiso de reno—. A ver... —Cojo una cucharada ante la atenta mirada de los estudiantes, también sentados a la mesa—. Oye, pues no está nada mal: es reconfortante, sabroso, la carne está tierna... Le pongo un diez.

—Aquí se puntúa del uno al seis —me corrige Ragnhild.

—Pues me reafirmo: ¡Un diez! —Y provoco la risa entre los alumnos. En realidad, no está de diez, pero sí para unos pipiolos de trece años.

Al día siguiente, Ragnhild propone llevarme a visitar un fiordo que está a una hora y media de Bergen. Después almorzaremos con sus hijos en una casa que tienen por la zona. Yo accedo encantada, claro. Ataviada con mis botas de goma y mi plumífero, me planto en la puerta del hotel donde estoy alojada. Ella llega al volante de un coche eléctrico que no emite ningún ruido. En Noruega se ven constantemente. De hecho, más del 50% de los coches que se vendieron en este país en 2020 fueron eléctricos. El gobierno exime a sus propietarios de pagar los impuestos que se han aplicado tradicionalmente a los coches de combustión. Un dato asombroso, teniendo en cuenta que Noruega es una de las mayores potencias petrolíferas del mundo.

—Creía que iban a venir tus hijos, ¿al final no se animan? —pregunto al ver que viene sola en el vehículo.

—Sí, sí. Les lleva luego el padre de uno de ellos, y ya se quedan todos a comer.

Quita el freno de mano y arranca.

—Ah, o sea que tus hijos los has tenido con distintas parejas.

—Pues sí, por mi vida han pasado muchos hombres. Me casé a los veinte y lo hice un poco sin pensarlo, porque era lo que marcaba la tradición. Enseguida me divorcié y luego estuve ocho años con otro, con quien tuve a mi hija y mi hijo mayor. Tiempo después de dejarlo con él, me quedé embarazada de un amigo, que es el padre de mi hijo menor, Daniel.

—Y dices que a Daniel lo tuviste con... con un amigo.

—Somos muy buenos amigos, pero nunca hemos sido pareja. Lo de tener un hijo juntos no estaba planeado. Hoy lo vas a conocer, es él quien va a traer a los niños. Después de quedarme embarazada de él estuve muchos años sola, pero me he vuelto a enamorar y... ¡ahora resulta que me caso el verano que viene!

—¡Enhorabuena! Pero entonces, ¿con quién te casas? Que tengo un poco de lío con tantos amores.

Bajo la ventanilla para percibir el olor de los árboles.

—Con ninguno de los que te he mencionado. Se llama Magnus y llevamos un año y medio. Si te soy sincera, estoy atónita conmigo misma. He pasado diez años soltera y no sabes lo a gusto que estaba. No me apetecía tener pareja porque era completamente plena. Y ahora, ¡me quiero casar!

—¡El amor es así! Un torbellino repentino y vibrante que lo cambia todo. Pero es cierto que sin pareja una puede ser tremendamente feliz —reconozco.

Yo misma he vivido en plenitud sin tener pareja durante varios años.

—Aquí eso lo tenemos muy claro. Las mujeres noruegas no necesitamos a los hombres por motivos prácticos porque, como ya te he dicho, somos capaces de hacer exactamente lo mismo que ellos. Tampoco por motivos económicos: yo gano el doble que cualquier hombre por méritos propios. Por eso he pasado muchos años soltera. Simplemente, nunca he tenido ninguna carencia material ni tampoco afectiva. Y me atrevería a decir que muchas aquí opinan como yo.

Quiero pensar que, en España, cuando alguien se compromete, boda mediante o sin ella, lo hace por amor y no por necesidad. Lo que sí es cierto es que, una vez en pareja, nos acostumbramos a delegar en el otro las tareas para las que, en principio, tiene más aptitudes. Conozco a hombres que van con la camisa arrugada al trabajo porque ese día su novia no ha podido planchársela y ellos no tienen ni idea de cómo hacerlo. Hay mujeres que no se atreven a viajar en coche solas porque se han acostumbrado a que las lleven sus maridos. Y casos un poco más raros, como el mío: es mi novio quien me cose los botones porque yo soy nula para ese tipo de tareas de casa. El caso es que, si todos aprendiésemos a hacer de todo tal y como ocurre en Noruega, habría menos relaciones basadas en el confort. Sin embargo, creo que lo que Ragnhild intenta explicarme es que en Noruega las mujeres no tienen ninguna limitación, ni siquiera física, con respecto al hombre.

Tras un precioso trayecto por una carretera de un solo carril en cada sentido, llegamos a un paraje que me impresiona. La vista que tengo delante está formada por una inmensa balsa de agua de forma alargada, enmarcada toda ella por una cadena de montañas bajas cubiertas de vegetación. Todo está envuelto en una especie de neblina que añade un halo místico al paisaje.

¡Bienvenida a Hardanger, Verónica! En Noruega tenemos más de mil fiordos. Este en concreto es el cuarto más largo del mundo.

—¡Impresionante, Ragnhild! No tengo palabras.

—Pues entonces te vas a quedar muda, porque vamos a recorrerlo en una barca de pescadores que me ha dejado mi primo.

Me invita a seguirla por una pasarela de madera por encima del agua. A un lado hay atracada una lancha a motor de color gris. Ragnhild sube primero y me tiende la mano para ayudarme. Rápidamente, se hace con el control de la embarcación y empieza a navegar por el fiordo a bastante velocidad. Hace frío, pero a ratitos sale el sol y los rayos nos calientan la cara. Yo estoy fascinada con el paisaje.

—¡Este lugar es espectacular! —grito desde la proa—. Bueno, Noruega en general me está encantando. Es todo tan verde y tan virgen. Mira este fiordo, por ejemplo: es un paraíso y sin embargo no está sobreexplotado. Alrededor no hay más que casitas y alguna aldea.

—Date cuenta de que solo somos cinco millones de habitantes en un país enorme. —Cambia de rumbo para acercarse a la ladera de una de las montañas y enseñarme una cascada—. Noruega de largo tiene la misma extensión que la distancia que hay desde el sur de España hasta el norte de Reino Unido.

—¿De verdad? ¿Tan grande es? Qué pasada. —Hago una pausa para admirar la catarata—. Pero no os quites méritos: aparte de que hay poca población, se nota que cuidáis muchísimo el entorno.

—Eso es cierto. Nadie deja basura en el campo, llevamos siempre la comida en fiambreras. Tampoco usamos botellas de plástico, ni siquiera en el trabajo. Cada uno tiene su propio recipiente de acero para rellenarlo en los dispensadores de agua que hay por todas partes. Nos preocupamos de no dañar la naturaleza, a causa de nuestro pasado tenemos una conexión muy fuerte con ella.

—¿A vuestro pasado? ¿Por qué?

—En los años setenta se descubrió que había petróleo en el mar del Norte, con lo que Noruega se convirtió en uno de los países más ricos del mundo. Pero antes de eso éramos muy pobres y había que subsistir con lo que daba el medio ambiente. Todo el mundo sabía pescar, cazar, recoger bayas en el bosque... Y eso nos ha quedado grabado en el ADN.

Aproxima la lancha a la cascada para que yo sienta en la cara las gotas que desprende.

—Entonces, vuestro ocio también está muy relacionado con la naturaleza, intuyo.

—Absolutamente. No se contempla, por ejemplo, que un niño no vaya a caminar con sus padres a la montaña con cierta frecuencia. Mi hijo, sin ir más lejos, está en un club de montañismo y se va los fines de semana a dormir en el bosque; mi hija caza. Entre los adultos, los planes más comunes son organizar un pícnic en el campo, esquiar, andar con raquetas de nieve, salir a navegar como estamos haciendo tú y yo...

—Qué estilo de vida más saludable, Ragnhild. Muy lejos del ocio preferido de los españoles, yo me incluyo, que es irnos de cañas y tapas.

—Ahora que lo dices, ni siquiera las primeras citas tienen lugar en los bares. Es más habitual quedar para hacer algo en la naturaleza: irse de *hiking*, pernoctar en el bosque... ese tipo de cosas.

—Oye, pues es muy original. Y una buena idea para mis amigos solteros.

Meto la mano en el agua para comprobar su temperatura.

—¡*Buaaah!* ¡Está helada! —grito.

—Ja, ja, ja, pues claro. El agua que baja por la cascada que has visto procede de los glaciares que hay ahí arriba. —Señala hacia la cima de las montañas—. Ahora es época de deshielo.

Una hora más tarde, y después de haber navegado varios kilómetros por el interior del fiordo, Ragnhild me lleva a conocer a su familia. Subidas en el coche atravesamos unos caminos estrechos que conducen a un valle. En medio de las montañas solo hay un puñado de casas, muy separadas entre ellas. La suya es la más bonita de todas: un chalet individual pintado de amarillo, con grandes ventanales y un tejado con forma muy marcada. Dentro, los techos son altos y los espacios diáfanos. Empotrada en la pared hay una chimenea llena de leña y, a sus pies, un hombre arrodillado está encendiéndola.

—Verónica, este es Magnus, mi prometido —me dice Ragnhild en un tono muy dulce.

Magnus se levanta para darme la mano. Es alto y fornido, moreno y con ojos verdes, bastante atractivo. Es algo menor que Ragnhild, puede que ronde los cuarenta y cinco.

—Bienvenida —me saluda Magnus también en perfecto inglés, para luego darme un apretón de manos—. Id a ver a los chicos, que están cocinando. Yo voy a prender la chimenea y ahora voy.

De camino a la cocina, Ragnhild me explica que los niños que está a punto de presentarme no son sus hijos, sino los que Magnus tiene con su ex.

—Los fines de semana que encaja, nos juntamos todos. Los míos están a punto de llegar.

—Y quien les trae es ese que es tu amigo y el padre de tu hijo menor, ¿verdad?

—*Eeeeso* es. Se llama Henrik y va a quedarse a comer con nosotros.

—¿También se queda a comer? Esto es muy divertido. A ver si me he enterado. Hoy vas a reunir en una misma casa a Magnus, que es tu prometido, y a Henrik, que es el padre de uno de tus hijos. También van a estar los hijos que Magnus tiene con otra mujer, el hijo que tú tienes con Henrik y otros dos hijos que tú tienes con otro hombre que hoy no va a venir. ¿Lo he dicho bien?

—Perfectamente. Buen resumen. ¿Por qué te parece raro?

—Pues porque mezclar a tu pareja actual con otro hombre de tu pasado no es lo más normal...

—¿Ah, no? Aquí, a menos que te lleves fatal con tu ex, es muy común.

De repente, me pongo a reflexionar. Esta escena me ha recordado a otra que viví en Uganda, pero a la inversa. Allí, Sheila, mi amiga ugandesa, soltó una carcajada cuando le dije que quería tener hijos, pero no casarme con el padre de los mismos. Le sorprendió que contemplara quedarme embarazada de alguien que no fuera oficialmente mi marido. Aquí soy yo quien alucina ante una cultura más moderna que la mía, y es a Ragnhild a quien le cuesta entender por qué a mí me resulta insólita esta realidad tan cotidiana para ella. Hay que ver lo mucho que cambia la percepción de uno mismo en función del país que visite o de la gente con la que hable. Esto de replantearse las ideas es un ejercicio que deberíamos hacer todos con más frecuencia.

Salgo de mi ensimismamiento cuando entro en la cocina y veo a una chica y un chico, ambos de pelo castaño que rondan la mayoría de edad. Tienen la misma constitución que Magnus. El niño es clavadito a él. Ragnhild me los presenta y ellos me saludan con un gesto de barbilla y una sonrisa porque están ayudando a su padre a hacer sopa de pescado y tienen las manos sucias de cocinar. Apenas veinte minutos después suena el timbre. Son los tres hijos de Ragnhild, que tienen veinte, diecisiete y doce años, respectivamente. Vienen con Henrik, el famoso amigo y padre del más pequeño. Se presentan dándome la mano y luego se saludan unos a otros.

Me dedico a observar a todos detenidamente para analizar cómo es la relación entre Magnus y Henrik, así como también entre sus respectivos hijos. Por lo que observo, todo fluye a las mil maravillas. No solo noto cordialidad, sino una buena conexión entre ellos. Es probable que esto tenga que ver con que en Noruega no hay un sentimiento tan fuerte de posesión y de celos como en otros países, ni en el amor ni en la amistad. Además, aquí es habitual poner fin a las relaciones antes de que se deterioren en exceso, lo cual facilita el buen entendimiento posterior.

Cuando Magnus y sus dos pinches terminan de cocinar, nos sentamos en el comedor del salón y cada uno se sirve su propio plato de sopa. Estamos mezclados, sin atender a edad ni sexo. Todos hablamos con todos. Lo hacemos en inglés, cosa que me hace percatarme de lo siguiente. He visitado más de setenta países y he convivido con unas ciento cincuenta familias de distintas nacionalidades. Sin embargo, más allá de los territorios latinos y anglosajones, pocas veces me ha sido posible mantener una conversación alrededor de una mesa en la que participe todo el mundo, ya que es raro que todos los miembros de una misma familia sepan hablar inglés. Esto es una verdadera gozada, y me siento muy cómoda.

Es Ragnhild quien habla.

—Verónica se dedica a viajar y comer por todo el mundo. Dinos: ¿qué te parece la *fiskesuppe* de Magnus?

Su pregunta me genera la misma presión que el día anterior, con los alumnos de su colegio.

—Está muy, muy rica. Te lo digo de verdad, Magnus. Tiene nata, ¿verdad? Es diferente a nuestra sopa de pescado, esta es más cremosa.

—¡Gracias! Sí, tiene nata y muchas más cosas —responde Magnus sirviéndose un cacillo más de sopa.

Ragnhild mira a Magnus y a Henrik:

—A Verónica le sorprende un poco esto de que os junte a los dos y a los hijos de los unos y los otros.

De repente, todos se giran hacia mí.

—¡No! Bueno sí... —admito poniéndome roja—. Me choca, pero positivamente. Es genial que en Noruega llevéis tan bien las separaciones y los divorcios, hasta el punto de poder comer todos juntos, sin malos rollos ni rencillas.

Es Magnus quien responde:

—Hombre, yo no te digo que aquí *tooodos* se lleven bien con sus ex. Sin embargo, este tipo de comidas con la pareja actual, la de antes y los hijos que cada uno tenga son bastante habituales los fines de semana.

—Está muy naturalizado porque aquí cuatro de cada diez matrimonios terminan en divorcio —asegura Henrik.

—No creo que tenga que ver son eso —digo—, en España son cinco de cada diez.

—En mi opinión, es una cuestión de mentalidad —recalca Ragnhild—. En los países nórdicos, en general, pensamos que no existe solo una media naranja. Entendemos que a lo largo de nuestra vida podemos enamorarnos muchas veces.

—Mientras que en España y en muchos otros lugares, cuando decidimos casarnos, en torno a los treinta, lo hacemos pensando que siempre estarás con esa persona.

—Eso en Noruega no ocurre. Si dices que has conocido al «amor de tu vida», a la gente le parecerá que eres muy naif. —Asegura la hija veinteañera de Ragnild.

—Entonces, ¿por qué se casa la gente? —pregunto.

—Porque es la costumbre, o por motivos prácticos, fiscales y económicos... Para organizar una fiesta o una celebración, algunos lo hacen por cuestiones religiosas... —me cuenta Magnus—. Y por amor, claro, pero no de la forma en la que vosotros lo concebís.

—Para mí el amor es infinito —dice Ragnhild—. Puedo enamorarme de un lugar, de una flor, de un animal, de un objeto, de un hombre, de una mujer. No me cuesta nada sentirme conectada física y psicológicamente a otros.

—Qué mística eres, mamá —dice su hija soltando una risilla.

Tras terminar la contundente sopa de pescado, niños y adultos se levantan de la mesa para recoger los platos. Yo hago el amago de acompañarlos, pero Ragnhild me pide que no toque nada y goce de mi rol de invitada. Aprovecho que los demás se han ido a la cocina para preguntarle en susurros algo que delante de sus hijos no me he atrevido a consultarle:

—Ragnhild, antes has dicho que podías sentir amor por ambos sexos. ¿Has estado con mujeres?

—Sí, no me he enamorado de ninguna, pero sí que he tenido experiencias. En mi entorno la bisexualidad es algo natural, si bien es cierto que yo me muevo en un ambiente muy artístico —comenta Ragnhild sin bajar el tono.

—Imagínate que, en lugar de casarte con Magnus, decidieras casarte con una mujer. ¿A tu madre le parecería normal?

—Absolutamente. A la mía y a casi todas las madres de ciudades grandes y abiertas como Bergen. En los pueblos probablemente sí que les llamaría la atención, pero tampoco se atreverían a decir nada en contra.

—Anda. ¿Y eso por qué?

—En Noruega no está bien visto ser conservador. Nuestra cultura marca que hay que ser abiertos y tolerantes: con los gais, los bisexuales, los transexuales...

—Pero entonces, ¿aquí no hay homofobia de ningún tipo?

—Por supuesto que hay noruegos que no comulgan con esas ideas, pero no lo dicen abiertamente porque no es políticamente correcto. Admitirlo implicaría su aislamiento social, porque nadie querría relacionarse con gente tan cerrada.

Qué curioso. En España, hasta hace no mucho, eran los gais quienes no reconocían abiertamente su sexualidad por miedo al rechazo social. Y, desafortunadamente, esta realidad sigue teniendo lugar en otros países del mundo. En Noruega, sin embargo, pasa todo lo contrario: ser un retrógrado es lo que está mal visto socialmente. Puede que en el amor sea una española romántica, pero en tolerancia, me considero muy noruega.

La tropa vuelve al comedor cargada con platos de postre, cucharas y una enorme tarta de zanahoria que ha traído Henrik. Uno de los hijos de Magnus mete el dedo en el pastel y le mancha la nariz al hijo de Henrik. El otro se lo devuelve y así pasan un rato riéndose entre ellos.

—Qué bien se llevan, ¿eh? —comento.

—Como pedagoga —responde Ragnhild— te confirmo que, en la mayoría de las ocasiones, a los hijos de parejas divorciadas les viene bien convivir con los niños de los nuevos novios de los padres. Y te lo digo también como hija de padres divorciados que soy.

—Presupongo que, además, aquí tiene que ser mucho menos traumático que tus padres se divorcien. Ver que se llevan bien y poder estar con los dos juntos ocasionalmente lo hará mucho más fácil, claro.

—En muchos casos, cuando una pareja se separa, son los hijos los que se quedan a vivir en la casa familiar y los padres los que se turnan para dormir ahí cuando les toca estar con ellos —cuenta Magnus.

—Para eso es necesario tener recursos, pero no está mal pensado. Cambiar de casa cada semana o cada finde suele ser un trastorno para los pequeños —replico.

—Efectivamente. Esa es la idea —dice Ragnhild justo antes de darle un bocado al postre.

Mientras satisfago a mi gorda interior a base de tarta de zanahoria, me pongo a observar a esta gran y heterogénea familia. Parecen contentos, relajados, completos. Creo que la clave de su bienestar es la practicidad que aplican a todo. Al ocio, a las obligaciones del día a día o al amor. Hasta la igualdad de género es una cuestión derivada de la practicidad. La contrapartida es que los noruegos carecen de esa chispa pasional que nos caracteriza a los latinos y mediterráneos, pero lo compensan con una apertura de mente que permite encontrar la felicidad en cualquier opción, por minoritaria o extraña que sea, sin ser juzgado por ello.

2

ANNA Y LA SOLTERÍA

Veinticinco grados bajo cero, ¡qué locura! En Moscú los inviernos pueden llegar a durar cinco meses. Estamos en febrero, probablemente el mes más duro. Llevo tres camisetas térmicas, un jersey de cuello vuelto de lana gordísima, abrigo y manoplas. En la cabeza, un gorro de borreguito. En los pies, dos pares de calcetines de esquí y unas botas enormes de pelo con las que parezco el Yeti. Aun así, creo que no he pasado tanto frío en mi vida. Eso sí, ver la plaza Roja nevada es todo un espectáculo. La imponente basílica de San Basilio y sus coloridas cúpulas destacan aún más en contraste con el suelo completamente cubierto de blanco. Las dimensiones de este lugar siempre resultan impactantes, pero situarse en medio de esta plaza un día como hoy, en el que no hay ni un solo turista, la hace a una sentirse muy pequeñita. Conmigo está Anna, una moscovita a la que conocí hace diez años cuando ambas vivíamos en Dublín, con poco más de veinte años. Hemos mantenido la amistad gracias a internet y a pequeñas visitas que nos hemos hecho mutuamente. La he acogido varias veces en Madrid y ella a mí en su casa de Londres, donde estuvo viviendo una temporada. En esta ocasión me toca venir a verla a la capital de Rusia y, de paso, hacer un poco de turismo. Y digo un poco porque con estas temperaturas lo de caminar por la calle no resulta muy agradable.

—Estás helada, ¿verdad? Pobre, ¡si hasta tienes los labios morados! ¿Quieres ir a tomar algo calentito? —dice Anna al verme.

—Vale, te lo agradezco porque es que ya no siento los dedos de los pies. ¿Hay algún sitio cerca?

—Sí. Para no tener que andar mucho, mejor nos quedamos por la plaza Roja. Te voy a llevar a GUM, es un sitio algo turístico, pero no está mal.

Me pasa un brazo por encima del hombro, que le queda un poco bajo por la diferencia de estatura. Debemos resultar una pareja graciosa: no podemos ser más distintas. Yo soy ibérica al cien por cien: bajita, morena y con los ojos oscuros. Anna, por el contrario, mide metro setenta y cinco, es esbelta, castaña y con el pelo larguísimo. Tiene un rostro sensual con pómulos salientes, labios gruesos y ojos muy grandes de color miel. Es de esas mujeres que van imponentes solo con unos vaqueros y una camisa blanca.

Cobijada bajo su brazo me conduce hasta GUM, la galería comercial más conocida de Rusia. Es un edificio monumental que se levantó en el siglo XIX, con un estilo que recuerda a las estaciones de tren de estilo victoriano que se pueden ver en Inglaterra. Tiene todo el techo de cristal, varias pasarelas que la cruzan y una fuente en la que todo el mundo se hace fotos. Es todo un emblema de la ciudad, se puede hacer la compra, ver tiendas de lujo y también comer a un precio razonable.

Entramos en un local que da a la plaza Roja. El camarero nos ofrece sentarnos en la terraza para tener mejores vistas. Aunque parece agradable y hay mantas y setas caloríficas, mi anfitriona no tiene ni que mirarme para saber que yo no voy a aguantar ahí fuera. Nos sentamos dentro, que también es acogedor. Anna pide dos *borsch*, una sopa de remolacha típica que mi amiga sabe que me gusta mucho. Con la comida en la mesa, es el momento de ponernos al día.

—Bueno, entonces qué pasó con el chico este que te gustaba. Cómo se llamaba... Dimitri o algo así —le pregunto.

Sujeto el cuenco de *borsch* con ambas manos para entrar en calor.

—Casi aciertas. Es Vladimir. Seguro que has dicho el primer nombre que te ha sonado a ruso —responde Anna entre risas.

—La verdad es que sí. Perdón, repito: ¿qué tal con Vladimir?

—No muy bien, la verdad. Podemos decir que lo estamos dejando, si no lo hemos dejado ya. Llevamos semanas sin hablar. Pasamos más tiempo discutiendo que estando bien.

—Qué rollo, ¿no? Para eso es mejor dejarlo definitivamente. No hay nada peor que las relaciones tóxicas.

—Ya, pero es que no quiero volver a estar soltera, Vero. He pasado diez años sin novio y ya tengo treinta y seis. Se me agota el tiempo.

—Lo de siempre, el reloj biológico y todo eso. Pues, hija, congela óvulos y ya los usarás con alguien con quien estés a gusto. O tú sola, que tampoco es mala opción.

—¡Sí, claro! Yo sola manteniendo a una familia. Ni loca.

—No veo por qué no. Con el puestazo que tienes, podrías permitírtelo. —Soplo la cuchara llena de sopa roja—. Pero vamos, en cualquier caso, ¿no será mejor estar soltera y sin hijos que seguir con alguien que te amarga la vida?

—Ya sabes cómo son las cosas en Rusia, Vero. Te lo he contado mil veces.

Pobre Anna. Siempre con la misma opresión metida en la cabeza. Bueno, ella y muchas otras chicas rusas que también la sienten. En este país impera una cultura muy tradicional que considera inconcebible que una mujer de entre veinticinco y cuarenta años esté soltera. Sí, es algo que ocurre en otras muchas partes del mundo, incluida España. Doy fe: durante los siete u ocho años que estuve soltera, mi abuela y mi madre me preguntaban *tooodas* las semanas cuándo me iba a echar novio. Pero en Rusia la presión es mucho mayor, puede resultar asfixiante.

—Aquí nos educan repitiéndonos desde pequeñas que la vida sin un hombre es miserable —me explica Anna—. A partir de los dieciséis años, la pregunta constante de familiares, amigos y compañeros de trabajo es si tienes novio. Las abuelas se ponen tristes si sus nietas se acercan a los treinta sin encontrar pareja.

—Te entiendo, mi abuela me hizo prometerle en su lecho de muerte que iba a formar una familia y tener hijos —le cuento a Anna—. Yo le dije que sí, claro. ¡Qué iba a hacer si no! Aunque en ese momento no tenía ni novio.

—La creencia popular en Rusia es que los treinta años es la edad límite. —Hace una pausa para sorber de su cuenco—. Si para entonces no te has casado, pasarás el resto de tus días sola, triste y con tropecientos gatos.

—Lo bueno es que, como tú tienes treinta y seis años, tu abuela ya habrá dejado de preguntarte constantemente cómo va tu vida amorosa.

—¡Uy! Ojalá, pero no. Lo vas a ver con tus propios ojos. Nos terminamos el *borsch* y te llevo a su casa. ¿Quieres?

¡Cómo me conoce! Anna sabe que lo que más me gusta de viajar es convivir con la gente local. Después de entrar en calor con el *borsch*, salimos de GUM y nos metemos en el metro de Moscú, que está considerado como el más bonito del mundo. Tanto, que se le suele llamar el Palacio Subterráneo. En muchas de sus estaciones abundan las esculturas de bronce, los mosaicos, las arcadas de mármol rojo, las cúpulas abovedadas y las vidrieras. Cada estación está construida en un estilo distinto. Según se cuenta, fue el propio Stalin quien, a principios de los años treinta, se empeñó en que el metro de Moscú fuese así de bello para mostrar al mundo la grandeza del sistema socialista. Para mí presenta el gran inconveniente de que todos los carteles con los nombres de las paradas están exclusivamente escritos en alfabeto cirílico. Si estuviese yo sola, me perdería seguro, pero afortunadamente tengo a Anna para guiarme.

Después de cuarenta minutos y un par de transbordos, salimos del metro en una estación sin ningún encanto, que nada tiene que ver con las imponentes del centro de la ciudad. Estamos en un barrio dormitorio de las afueras, parecido a los que he visto en otras zonas de Moscú. Aquí y allá se repite el mismo patrón: unos cuantos edificios de estética soviética cuadrados, grises y aburridos, construidos en torno a un parque con columpios. Entramos en uno de ellos y subimos hasta la decimotercera planta de las veinte que tiene el edificio.

Anna llama a una de las puertas y nos abre su abuela. Es una señora de unos setenta y cinco años, está un poco rellenita, tiene el pelo blanco y recogido en un moño. Me sonríe afable y cariñosa con una perfecta dentadura postiza. Me saluda con tres besos como se acostumbra en Rusia. Anna me pide que me quite las botas de Yeti que llevo puestas para enfundarme unas zapatillas de andar por casa que su abuela tiene preparadas para mí. Podían haberme tocado las típicas blancas de hotel, pero no. En su lugar, me prestan unas con floripondios rosas que están abiertas por delante y que dejan a la vista mis calcetines de esquiar amarillo fosforito. Estoy monísima.

Abuela y nieta me hacen pasar a la cocina, donde esperan la madre de Anna, su padre, su hermana, su cuñado y sus tres sobrinos. Aunque con algunos de ellos no me puedo comunicar porque no hablan inglés, siento que me acogen con una calidez asombrosa. Los rusos resultan rudos, bordes y ariscos en un primer contacto, pero a mucha gente le sorprendería saber que, una vez atravesada su coraza, son de los habitantes más hospitalarios y amables que me he encontrado por el mundo.

—En las casas de Rusia la vida se hace en la cocina —me cuenta Anna—. Es el núcleo familiar, y los fines de semana nos reunimos todos aquí.

Me invita a sentarme junto a su clan en torno a una mesa no muy grande. Su hermana Shasha me ofrece un vaso con un contenido color magenta.

—Toma, prueba esto. Es *mors*, una bebida típica que hacemos en casa con frutos rojos y agua con gas.

—¡*Spasiba*! —le agradezco en ruso—. Oye, qué niños tan monos tenéis. —Y aprieto la rosca de la pierna del más pequeño, que está en su carrito porque no debe de tener ni siquiera un año.

—Sí, el mayor y la mediana son unos trastos, pero este se porta muy bien —me contesta Shasha.

Su abuela nos interrumpe y, señalándome con el dedo, dice algo en ruso que, evidentemente, no entiendo.

—Mi abuela pregunta si tú tienes hijos —traduce Shasha.

Me río mirando con complicidad a Anna acordándome de lo que me ha contado hace un rato.

—No, me temo que aún queda mucho para eso.

—No me digas que tú tampoco tienes novio, como mi hermana —dice Shasha.

—¡Que sí que tengo novio! —refunfuña Anna—. Vladimir y yo lo estamos arreglando, ¿vale? Y Vero no está casada, pero tiene novio, así que no le deis la tabarra.

—Yo es que no sé por qué Anna todavía no se ha casado —dice su hermana Shasha—. Es lista, guapa y tiene un trabajo buenísimo. Será que tiene alguna tara y por eso los hombres no la quieren como novia, porque, si no, no lo entiendo.

—¿Ves? —dice Anna dirigiéndose a mí—. En Rusia, si estás soltera, es porque *tienes una tara*.

Pronuncia estas palabras con voz nasal, como imitando a su hermana. Yo prefiero quedarme calladita, porque si hablo solo servirá para echar más leña al fuego.

—¿Quieres saber cuál es el problema, Shasha? —le dice Anna a su hermana—. Yo te lo digo: ¡en Moscú no hay hombres!

—¿Cómo que no hay hombres, Anna? —digo.

—Cuando estoy aquí, tengo la sensación de que a mi alrededor siempre hay muchas más mujeres que hombres.

Y cuando salgo al extranjero, comparo y lo vuelvo a constatar.

Lo que dice Anna tiene todo el sentido. La población rusa se compone en un 54% de mujeres y un 46% de hombres, con una brecha entre géneros de las más agudas del mundo. Dicho de otra manera: por cada 1.000 mujeres hay solo 866 hombres. En otros países como España, por ejemplo, la proporción entre sexos es prácticamente equitativa. Se ha hablado algunas veces del alcoholismo como causa, ya que incrementó notablemente la mortalidad entre los varones durante la época soviética. A día de hoy se sigue considerando una de las principales causas de muerte en Rusia entre la población joven. Y por si fuera poco para Anna, entre los veinticinco y los cincuenta años, en Moscú hay tres millones de mujeres solteras frente al millón de hombres moscovitas solteros de la misma edad. Un varón por cada tres féminas. Así es difícil encontrar novio. Pero ¿por qué es tan importante emparejarse?

—No basta con ser culta, guapa, hacer deporte y cobrar un buen sueldo. Si no tienes hijos, no se te valora. En Rusia, ser madre es sinónimo de éxito. Incluso las empresas prefieren contratar a mujeres con familia que sin ella —me dice Anna.

—¿De verdad? En España pasa todo lo contrario. En las entrevistas de trabajo siempre intentan sonsacarte si tienes novio y ganas de tener hijos porque prefieren que en su plantilla no haya mujeres con bajas por maternidad ni jornadas reducidas.

—Aquí la baja de maternidad se puede extender hasta el año y medio, cobrando la mitad del sueldo —asegura Shasha.

Ella, pese a tener estudios, es ama de casa.

—No está nada mal —digo—. Aunque dejar de trabajar un año y medio puede entorpecer la evolución profesional. ¿Los hombres también tienen baja de paternidad?

—Sí que la tienen, pero es rarísimo que se acojan a ella —aclara Anna—. Y respecto a las mujeres, yo también creo que estar de baja tanto tiempo repercute negativamente, pero es que el trabajo no es una prioridad para muchas de ellas.

—¿Por qué las empresas consideran que es un plus que las empleadas sean madres? —le pregunto a mi amiga.

—En Rusia tenemos esa cultura de la familia, que afecta tanto a hombres como a mujeres. Piensan que eres una persona más comprometida. Se entiende que, si eres fiel a tu pareja y a tus hijos, también serás más leal a la compañía. Y te reconozco que incluso yo pienso así de mis empleados.

Anna trabaja en el departamento de finanzas de una multinacional petrolera y con solo treinta y seis años tiene un pequeño equipo de gente a su cargo. Le encanta su labor y goza de mucho reconocimiento. Tiene claro que si forma una familia, no dejará su empleo, al contrario de lo que hacen muchas rusas jóvenes cuando se quedan embarazadas, como por ejemplo su hermana. Y pese a ser soltera, Anna mira con mejores ojos a sus empleados con hijos. No hay quien lo entienda.

La abuela y la madre de Anna se levantan de la mesa y se ponen un delantal cada una. Cogen otros dos delantales y nos los pasan. El padre y el cuñado salen de la cocina para irse a otra estancia, Shasha se queda para dar de comer al bebé.

—Van a hacer *pelmeni*, que son como unas empanadillas rusas. ¿Les echamos un cable? —me propone Anna.

—¡Claro que sí! Qué divertido. —Cojo el bol que me está dando su abuela. En su interior hay una masa de harina, parecida a la del pan—. ¿Qué hago?

—Tienes que coger un trozo de masa y poner un poco de carne dentro. Luego lo cierras así, ¿ves? —Presiona la masa con delicadeza—. Este es un plato que se suele hacer en familia, casi siempre entre mujeres.

—Los hombres aquí no cocinan mucho, ¿no?

Su abuela hace bolitas de masa para luego estirarlas con los dedos y rellenarlas de carne picada.

—Sí, y algunos lo hacen muy bien. Y también limpian, no te creas. Pero aparte de eso, tenemos una sociedad patriarcal en la que el hombre es el que lleva el pan a casa. Esa responsabilidad recae sobre él y la mujer está más centrada en el hogar. Si la madre trabaja es por placer, sin la presión de tener que generar dinero. El que más gana siempre es el padre.

—En tu caso va a ser difícil, ¡porque con el pastón que te levantas cada mes! —le suelto—. Por cierto, ¿a los hombres rusos les intimidan las mujeres que, como tú, gozan de éxito profesional?

—A muchos, sí. Pero a los que están seguros de sí mismos, les pone. Eso sí, necesitan sentirse superiores, y por tanto *tienen* que ganar más que nosotras.

—Qué cosa más machista, por favor —le digo.

—Pues te vas a reír, porque yo también quiero que mi futuro marido cobre más que yo, no hay otra fórmula posible. —Cierra un *pelmeni* dándole forma de *torte-*

lloni italiano—. Y eso te lo dirán todas las rusas: un hombre con sueldo inferior al de su pareja no nos resulta atractivo. Nos gustan los hombres poderosos, a los que podamos admirar por haber llegado más lejos que nosotras, que puedan invitarnos a todo.

—¿Me estás diciendo que tú nunca pagas nada en una cita?

—¡Claro que no! Una vez estuve saliendo con un chico suizo que se empeñaba en que pagásemos todo a medias, hasta que le dije que las cosas en Rusia no funcionan así: el chico tiene que invitar. Siempre. Es una forma de que la mujer se sienta protegida por él. Y lo del sueldo, igual.

Esta respuesta me deja helada. Me parece impropia de una mujer joven, independiente económicamente, empoderada, que además ha vivido en una ciudad tan abierta y moderna como Londres. Supongo que cuando te han martilleado con el mismo discurso desde que tienes uso de razón es complicado liberarse de esas ideas, aunque a mí me parezcan del pleistoceno. Al hilo de mi reflexión le pregunto:

—A todo esto, Anna: ¿tú quieres tener hijos por presión social o por instinto maternal?

—Es un tema que me agobia mucho. Ya lo has visto. Soy la comidilla de mi entorno. Pero aparte de eso, mi deseo como mujer es tener mi propia familia. Mis padres llevan juntos más de cuarenta años, tengo un hermano, una hermana, seis sobrinos. Ahora es mi turno: quiero criar a unos niños preciosos y listos. Así que, si lo dejo con Vladimir, te aseguro que voy a ponerme a buscar a otro enseguida.

Después de cocer muchísimos *pelmenis* y comernos otros tantos, Anna y yo nos despedimos de su familia y nos vamos a su casa a descansar y dormir la siesta. Con este clima, lo único que me pide el cuerpo es quedarme toda la tarde dormida en el sofá o viendo nevar por la ventana. Anna no duda en coger el portátil y ponerse a revisar los números de su empresa. Cuando despierto, nos quedamos un rato charlando y recordando aventuras de cuando vivíamos en Dublín. De repente, suena un *bip* en el móvil de Anna. Ella lo coge, lee un mensaje y enseguida noto que se pone tensa. Aprieta la mandíbula, sus fosas nasales se dilatan y empieza a respirar muy fuerte.

—Anna, qué pasa. ¿Quién es?

—El imbécil de Vladimir, que me está dejando por un wasap el muy cabrón —dice elevando la voz y dando un golpe contra el sofá con el puño cerrado.

—Pero ¿qué dices? ¿Lleváis sin hablar varias semanas y lo primero que te dice es esto?

—Sí. Con un mensaje de cinco líneas. Así me trata. ¿Sabes qué? Nos vamos de fiesta —propone enérgica poniéndose de pie.

—Claro, claro. Lo que tú digas.

¡Vaya sorpresa! Normalmente, en una situación como esta hubiese esperado tener que obligarla salir de marcha en lugar de quedarse tristona en casa, pero ha sido ella solita quien ha tomado la iniciativa. Ya la consolaré mañana cuando le dé el bajonazo. Ahora toca arreglarnos e irnos.

Anna está imponente. Lleva un vestido negro corto, con un hombro al aire y el brazo contrario tapado con manga larga. Taconazo, pelo suelto con ondas y los ojos muy pintados. Yo me apaño con alguna prenda de mi maleta y otras cuantas que ella me presta.

Parece que Anna tiene mucha prisa por llegar, así que esta vez cambiamos el metro por un taxi que nos lleva hasta la puerta de una de las discotecas más conocidas de Moscú. Afortunadamente, nos dejan entrar gratis porque somos chicas. A los chicos, sin embargo, les cobran dos mil quinientos rublos o lo que es lo mismo, unos treinta euros; una discriminación positiva de la que hoy estoy *ennncantada* de participar. La decoración en el interior es un tanto hortera, hay hasta una escultura de un hombre desnudo. El público está entre los treinta y los cuarenta años. Ellos visten todos con camisa, polo o camiseta. Ellas, bastante más arregladas, con falda o pantalón corto y tacones. Hay que ver lo guapísimas que son todas. Me he vuelto invisible entre tantas *tías* que parecen modelos. Voy a tener que ponerme de puntillas en la barra si quiero que el camarero me haga caso. O mejor, que sea Anna quien pida las bebidas. Va a ser más rápido.

Cóctel en mano, nos sentamos en un gran sofá granate con una mesita de metacrilato al lado para apoyar las copas. Hay algo que capta mi atención inmediatamente. Los hombres están de pie, balanceando el cuerpo levemente de lado a lado, pero sin mostrar mayor interés por lo que hay a su alrededor. Las mujeres, por el contrario, bailan exageradamente, se acercan a ellos, con la clara intención de generarles interés. No creo que sea una sensación mía, su comportamiento es muy llamativo. Anna se percata de lo que estoy pensando:

—¿Te das cuenta? —Señala con la barbilla en dirección a un grupo de chicas—. Así son muchas discotecas de

Moscú. Las tías vienen a cazar. Se ve que están hambrientas por pillar a alguno.

—Sí, sí. Es muy curioso. Pero también me sorprende la pose de autosuficiencia que tienen ellos. Es como si dieran por hecho que van a salir de aquí con un rollete de una noche, con novia o con mujer, lo que ellos quieran. Es obvio que aquí los que eligen son los hombres.

—Es que, Vero, ahora hablando en serio. En Rusia hay muy pocos chicos que cumplan con las expectativas que tenemos las mujeres de nuestra generación. Para empezar, la mayoría son feos.

—¡Ja, ja, ja!

—¡No te rías! Es verdad. Somos más mujeres que hombres y somos más guapas que ellos.

Miro a mi alrededor antes de contestar y constato que lo que dice es totalmente cierto. Ellas son espectaculares y cuidan muchísimo su estética. Ellos, por el contrario, son muy normalitos. Hay un par de tíos monos y deja de contar.

—Sí, puede que tengas razón.

—Y para seguir, entre los guapos no hay muchos que sean educados, que no beban en exceso, que tengan un buen trabajo y que ganen mucho dinero.

—¿Por qué ceñirse a los rusos? Hay mucha gente internacional viviendo en Moscú —apunto yo, recordando los muchos *novietes* guiris que he tenido.

—Es la opción de muchas chicas. Aquí existen cantidad de aplicaciones y webs específicas para encontrar novio extranjero. Yo he estado con algunos chicos europeos y americanos, ya lo sabes, pero nunca me ha funcionado porque tenemos culturas muy distintas. A mí me gustan los chicos rusos.

—Pues ale, ¿a qué esperas? Acércate a hablar con alguno.

—¡Qué dices! Eso está casi prohibido. El que da el primer paso siempre es el hombre.

—Mentira, el primer paso lo dais vosotras contoneándoos sin parar hasta que alguno se os aproxime...

—¡Eh! Un respeto, no todas bailamos de manera tan exagerada. Yo soy un poco más elegante. Mi técnica es jugar a las miradas —dice gesticulando con sensualidad.

—Esa es la más divertida, sin duda. Ya estás tardando en fichar a alguno para ponerla en práctica.

Anna me hace caso y gira la cabeza de lado a lado hasta encontrar un objetivo. Parece que la ruptura con Vladimir no la ha paralizado, sino todo lo contrario. Minutos después, seguramente atraído por los ojazos de mi amiga, se acerca un hombre rubio y comienza a hablar con nosotras. Es un tipo bastante agradable y físicamente no está nada mal. A ver si esto le sube la moral a Anna. Yo me aparto y contemplo el panorama general de la discoteca.

Me entristece ver cómo muchas de estas chicas, en lugar de estar divirtiéndose relajadamente, están al acecho de un hombre, mientras que ellos se mantienen en una actitud presuntuosa e incluso altiva. No obstante, aunque en Rusia sea más palpable, en otros muchos países del mundo estar soltera supone un estigma para las mujeres, no así para los hombres. ¿Por qué de un hombre de cuarenta años que no está casado decimos que es un *soltero de oro* y a una soltera de la misma edad la llamamos *solterona*?

No tener pareja es una opción cada vez más abrazada por hombres y mujeres de oriente y occidente, pero la decisión solo se cuestiona cuando afecta al sexo femenino. Estoy un poco cansada de oír comentarios que tachan de rara a una mujer que viaja sola, a otra que quiere vivir sin ataduras o a la que no quiere tener hijos pese a estar casada. Lo frustrante es que, en muchos casos, estos juicios los hacen otras mujeres, lo cual hace que me hierva la sangre. Dejemos de asumir que lo correcto es casarse y tener una familia. Hay mil fórmulas para ser feliz, y no tener pareja es una opción igual de válida. Lamentablemente, mi querida Anna nunca contemplará una opción como esa.

3

RIVKA Y LA FE

¡Uf! No sé qué ponerme. No puedo enseñar los brazos, mucho menos las piernas, y ni siquiera puedo llevar pantalón. Si lo hubiera sabido antes, habría metido algo más apropiado en la maleta. Pero claro, el plan ha surgido improvisadamente y ahora no encuentro nada que me sirva entre la poca ropa que me he traído para estos cinco días en Israel. Algo tendré que inventarme. No quiero llamar la atención, unos judíos ortodoxos me invitan a su casa en sabbat y no quiero presentarme allí contradiciendo las leyes de la Torá.

Llevaba muchos años soñando con vivir esta tradición judía en carne propia y, aunque ya había estado en Israel, no lo había conseguido nunca. Moviendo hilos, he logrado que Rivka, una judía ortodoxa de cincuenta y dos años, acceda a mostrarme cómo ella y su familia disfrutan de este día.

Sabbat es el ritual de reposo que los judíos celebran todas las semanas. Comienza el viernes cuando se pone el sol y termina cuando cae la noche del sábado. Hace referencia a la jornada de descanso de la que Dios gozó tras haber invertido seis días en crear el mundo. Por ello, durante el sabbat está prohibido trabajar. Además del culto divino, el propósito es pasar el día con la familia, reconectando con los seres queridos y con uno mismo. Es como nuestro domingo, pero concebido como un rito y acatando ciertas normas. De hecho, en Israel los días libres son viernes y sábado. El domingo es el primer día de trabajo, como nuestro lunes.

El sabbat se inaugura con la cena del viernes, que es a la que me han invitado. He quedado en llegar un rato antes para ayudar en la cocina. Aunque mi indecisión con respecto al *look* está a punto de hacer que no llegue ni al postre. Dejo de darle vueltas: aunque no peguen ni con cola, me pongo una camisa rosa holgada y una falda roja larga. Voy horrible, pero correcta.

La casa de Rivka está en Jerusalén, bastante cerca de mi hotel. Es un chalet grande de fachada austera pintada de blanco. Llamo al timbre tímidamente y Rivka me recibe con un cálido abrazo. Es una mujer muy guapa, de ojos verdes y pelo oscuro, del que solo asoma una franja junto a la frente porque lo lleva tapado. Lleva puesto un vestido largo azul de manga corta y encima un delantal.

—Bienvenida a nuestra casa, Verónica —Rivka se dirige a mí en un español un poco oxidado.

Sus padres eran malagueños y viajaron por todo el mundo porque su padre era un rabino muy importante. Ella nació en Venezuela y cuando tenía diecisiete años, la familia se trasladó a Israel.

—Adelante; entra, por favor —me invita.

Es un espacio diáfano, sin separación entre cocina y salón. Hay unos cuantos libros en una estantería de yeso y unas fotos colgadas en la nevera. Aparte de eso, no veo ningún cuadro o adorno colgado en las paredes.

—Muchas gracias, Rivka. No sabes la ilusión que me hace estar aquí. ¡Uy, qué bien huele! ¿Qué estás preparando?

—¡Un montón de cosas distintas! Antes de la puesta de sol hay que dejar terminado todo lo que comeremos esta noche y durante todo el sábado. Así que los viernes suelo emplearlos en cocinar. Ya sólo me quedan las doradas que vamos a cenar hoy —dice, sacando el pescado de la nevera.

—Perfecto, yo te ayudo en lo que pueda —digo mientras me lavo las manos en el fregadero—. Tengo entendido que los judíos no coméis todo tipo de alimentos, ¿verdad?

—Eso es. Solo podemos ingerir comida *kosher*, que es la que cumple con los preceptos de nuestra religión. Es un concepto un poco difícil de explicar. En el caso del pescado, por ejemplo, sólo podemos comer las especies que tengan escamas y aletas, como estas doradas, el atún, el salmón, la sardina y muchos más —me explica Rivka.

—Entonces el marisco, entre otras cosas, ni probarlo.

Intento imaginarme lo dura que puede ser la vida sin probar nunca unas gambitas o unas almejas.

—Ni siquiera rozarlo. Las aves, eso sí, las podemos comer casi todas. Y en cuanto a las carnes, únicamente son *kosher* los animales que rumian y que tienen pezuñas hendidas.

—¿Y esos son...?

—El cordero, la vaca, la oveja y el ciervo. Por el contrario, no se permite el cerdo, porque no rumia pese a tener pezuña hendida. Tampoco el conejo ni la libre, por la razón contraria. Y hay más —me aclara al tiempo que corta un pimiento rojo en juliana.

—¡Vaya lío! Y también tienen que ser animales sacrificados de cierta manera, ¿no?

—Sí, igual que en el islam, no pueden haber muerto de forma natural. El sacrificio tiene que hacerse con un corte limpio y profundo en la garganta, para que el animal sufra lo menos posible. Sácame una olla muy grande que hay en ese armario, por favor —Señala con la barbilla hacia la derecha sin soltar el pimiento.

Abro el mueble y busco entre una decena de sartenes, cazos y cacerolas. Antes de que pueda coger una, Rivka viene hacia mí con una sonrisilla en la cara.

—Perdona, no me refería a ese armario, sino al de al lado. —Abre las puertas del mueble contiguo, descubriendo otra enorme colección de menaje prácticamente igual que la primera—. Esto también te va a hacer gracia: la carne y los lácteos nunca se pueden mezclar. Ni en los fogones ni en el plato. Por eso tenemos unas ollas para cocinar carne y otras para lácteos; y lo mismo con las vajillas.

—Por eso tienes una cocina tan grande, ja, ja. Pero, espera —hago una pausa para pensar antes de mirarla con los ojos muy abiertos—, eso significa que no podéis tomar una pasta boloñesa con parmesano ni un solomillo en salsa de pimienta...

—Ni una *cheeseburger* ni un pollo con salsa de yogur... No. ¿Te resulta raro?

—Es curioso, desde luego. ¿Y a qué responde tanta restricción, Rivka?

Yo sé que estas limitaciones no son solo para el sabbat, sino que han de respetarse a diario.

—Son los preceptos del *kashrut*, que recoge las normas de alimentación de los judíos que dicta la Torá.

Para mi sorpresa, no existe ninguna simbología tras estos preceptos, a diferencia de, por ejemplo, el caso de la prohibición de comer carne durante la Cuaresma cristiana, en la que la carne representa el cuerpo de Cristo o es una muestra de lujuria. No es así en el judaísmo, el precepto hay que acatarlo simplemente porque es lo que dice la Torá.

Rivka echa una buena cantidad de aceite en el fondo de una olla baja y muy amplia. Sobre las tiras de pimiento coloca unos chiles secos y, encima, cinco doradas, pimentón, cilantro y varios dientes de ajo. Cubre la mitad del contenido con agua y le pone la tapa.

—Esto lo dejamos media hora en el fuego y listo. En este tiempo vamos a poner la mesa. ¡Shirel! ¡Eliana! Venid a ayudarme por favor —dice subiendo la voz.

Por las escaleras bajan dos chicas de entre veinte y veinticinco años. Son las dos hijas menores de Rivka, quien tiene cinco hijos en total. Me saludan en inglés, parecen más distantes y tímidas que su madre, a quien se le nota que, a diferencia de ellas, se ha criado en países latinos. De repente, suena el timbre. Son su hermana y su cuñada, que se unen a la cena. Todas van vestidas con prendas que tapan completamente el cuerpo, pero actuales y modernas, de hecho, yo podría ponerme perfectamente cualquiera de ellas. No obstante, salvo una de las hijas, todas llevan el pelo tapado con el *tichel*. Esta es la tela con la que las mujeres judías se cubren la cabeza a diario, y que deja al descubierto únicamente la franja de cabello más pegada a la frente.

—¡Anda! ¿Somos solo mujeres esta noche? —pregunto después de presentarme.

—No, no. Nuestros maridos están en la sinagoga y vienen después. Vamos a poner la mesa para que todo esté perfecto cuando lleguen —me contesta Rivka.

Entre las seis colocamos el mantel, además de tres jarrones con rosas frescas, los aperitivos, los platos y los cubiertos. Entretanto, aprovecho que Rivka tiene ayuda para *darle un poco más la turra* con mis preguntas.

—Veo que lleváis la cabeza cubierta. ¿Esto por qué es?

—Cuando una mujer está casada, solo su marido puede ver su cabello.

Prefiero callar. Prefiero morderme la lengua y no decir lo que pienso. Al fin y al cabo, esta gente me ha invitado amablemente a su hogar y yo no quiero generar ninguna tensión. Pero Rivka, muy avispada, intuye lo que me ronda la cabeza y decide explayarse:

—Si escondo mi pelo no es por machismo, Verónica, es justo lo contrario. Esto —señala el *tichel*— es una muestra de feminismo. Yo quiero que se me respete por lo que soy, por mi personalidad, por mis conocimientos, no por el porcentaje de mi cuerpo que dejo al descubierto.

Habla sin vehemencia alguna, es más, noto que me mira con compasión mientras retoma su discurso:

—Cada vez que una cantante famosa sale en la tele prácticamente desnuda o una *influencer* cuelga una foto en bikini en su Instagram, no ayuda a que a las mujeres se nos vea como iguales. Lo que provoca es precisamente el efecto contrario, esto es, que no se nos considere más que un trozo de carne.

¡Vaya respuesta! Aquí hay contenido para un buen rato de reflexión. Yo tengo muchos seguidores en mis redes sociales y de vez en cuando subo alguna foto mía en bikini. ¿Eso está mal? Muchas mujeres rebatirían el argumento de Rivka diciendo que mostrar el cuerpo es la forma de naturalizarlo, para dejar de sexualizarlo. En todo caso, no es el momento adecuado para que yo haga ese razonamiento. Lo comparta o no, entiendo su punto de vista.

—Por otra parte —continúa Rivka—, taparme el pelo es un símbolo de lo especial que es mi unión con mi marido, del pacto sagrado que tengo con él. Mucho más puro y verdadero, por cierto, que la institución resquebrajada que representa el matrimonio en países como el tuyo. Y no me tomes por puritana, estoy muy segura de mi sexualidad y, que no me oigan mis hijas —dice en susurros y guiñándome un ojo—, disfruto mucho de ella.

—Ya que sacas el tema, he leído que durante la semana que la mujer judía tiene la menstruación y la posterior, su marido y ella han de dormir en camas separadas —digo animada por la naturalidad de Rivka.

—Has leído bien. Y no solo eso: durante ese periodo no podemos, según el precepto, ni darnos un beso, ni acariciarnos, ni rozarnos el brazo siquiera. Nosotros tenemos una cama supletoria debajo de la de matrimonio, donde duerme mi marido durante esas dos semanas. La sacamos por la noche y la guardamos al amanecer, de forma que nuestros hijos nunca saben lo que ocurre o deja de ocurrir en nuestro dormitorio. Y cuando terminan esos catorce días, las mujeres vamos al *mikveh*, que es la piscina tradicional de agua de lluvia donde nos bañamos para purificarnos.

Mi anfitriona me habla de este ritual con orgullo, mostrándose honrada de practicar esta tradición. Entiendo su actitud. Ha elegido vivir su vida según los principios del judaísmo, y los defiende con total seguridad. Aun así, me doy cuenta de que se puede dialogar con ella abiertamente, así que le dejo ver que mis ideas son muy diferentes a las suyas.

—Rivka... —Titubeo unos segundos, hasta que encuentro las palabras que quiero utilizar —. Probablemente sea por la diferencia cultural, pero a mí todo eso que me cuentas, en el fondo, me resulta una forma de machismo. Estoy segura de que tú lo ves de otra manera.

—Esta práctica, en realidad, lo que provoca es que aumente la pasión en la pareja —me cuenta ella con sosiego—. Al final de esas dos semanas de abstinencia, sentimos muchas más ganas de demostrarnos amor. Así nunca nos aburrimos el uno del otro y cuando llega ese momento, lo disfrutamos más que nunca.

—Esta costumbre, ¿es generalizada entre los judíos?, ¿o solo se da entre los más conservadores, como vosotros?

—Nosotros somos religiosos y muy practicantes. Seguimos el Código de la Ley Judía, pero no somos tan radicales como, por ejemplo, los ultraortodoxos, que suponen el 11% de la población israelí. Por otro lado, en este país también hay muchos judíos que comen cerdo y marisco, que no se bañan en el *mikveh* y que hacen lo que les da la gana.

—Los judíos ultraortodoxos son esos que se ven rezando en el Muro de las Lamentaciones, que van vestidos de negro y tienen dos tirabuzones que asoman por debajo del sombrero, ¿verdad?

—Sí, son esos. Los hombres ultraortodoxos solo se dedican a estudiar la Torá —dice con cierto desdén—. Sus mujeres son las que trabajan de verdad y llevan el dinero a casa, además de cuidar a los hijos.

—¿Tú trabajas, Rivka?

—Claro que sí. Trabajo como paramédica en una ambulancia, algo parecido a una enfermera, pero con más responsabilidad. Y, antes de que me lo preguntes, en el trabajo sí que visto con pantalones. Imagínate si tengo que reanimar a alguien tumbada sobre su cuerpo, con falda se me vería todo. —Suelta una breve carcajada—. Pero tengo una compañera que encima de los pantalones siempre lleva una falda larga.

¡Esto sí que me impresiona! Jamás me habría imaginado a una mujer judía ortodoxa trabajando en una ambulancia. Aunque, ahora que lo pienso, en Israel el servicio militar es obligatorio para ambos sexos, y entrenan desde jóvenes para responder adecuadamente en situaciones de emergencia. Más de un susto me he llevado al cruzarme con un grupo de pipiolos cargados con armas más grandes que yo por las calles de Jerusalén o Tel Aviv. Así, Rivka se curtió como militar especialista en catástrofes en la adolescencia.

—Si hay una inundación, un huracán, un incendio... yo sé perfectamente cómo proceder —me explica—. Nuestro servicio militar dura entre dos y tres años, pero yo estuve menos porque durante el segundo conocí a mi marido. A los tres meses nos casamos y me quedé embarazada enseguida, con diecinueve años. Hoy tenemos cinco hijos y diez nietos, ¡y los que quedan! —Me agarra de la mano sonriente—. Ven, que el pescado ya está listo.

Rivka retira la olla del fuego y la coloca junto a varios recipientes de aluminio llenos de comida encima de una plancha calorífica.

—Todo esto es lo que vamos a comer entre hoy y mañana. Ya lo tengo todo preparado porque, dentro de unos minutos, cuando se ponga el sol y comience oficialmente el sabbat, no podremos usar los fuegos, por lo que no podremos cocinar. Así que, para comer caliente también mañana, lo dejamos todo en esta plancha encendida.

Además de la prohibición de realizar cualquier tipo de trabajo, durante el sabbat los judíos más religiosos cumplen a rajatabla otras muchas prohibiciones. Algunas son un poco rocambolescas, como la prohibición de escribir, la de regar las plantas o la prohibición de romper cosas que están pegadas, lo que implica que no se puede cortar el papel higiénico... Rivka, en este caso, se refiere a la prohibición de encender y apagar luces o aparatos eléctricos, para no violar el precepto «No encender fuego en todas vuestras moradas en el día del sábado» (Éxodo, 35:1-2). Tampoco se puede conducir, ni tocar dinero ni utilizar tecnología. Es decir, durante el Sabbat, nada de tele, ordenador o móvil. Algo que, según cuentan, contribuye a unir a la familia, porque obliga a pasar el tiempo charlando, jugando a las cartas o a juegos de mesa. Me gusta la idea.

Pienso en cómo llevarían mis sobrinos preadolescentes pasar un día entero con sus padres, sin ver un vídeo de YouTube, jugar a la videoconsola o meterse en Instagram. ¡Imposible! A mí, esa idea de un *détox virtual forzoso* me parece una maravilla. Yo misma me obligo dos veces al año a cerrar las redes sociales. ¿Cómo lidiaría con todas las demás prohibiciones del sabbat? Bueno, en realidad estoy a punto de experimentarlo durante el rato que pase con esta familia.

Ya ha caído el sol. Justo antes, las mujeres han rezado y han encendido unas velas. Por la puerta entran el marido, el hermano y el cuñado de Rivka. Los tres llevan camisa y, en la cabeza, la *kippah*; esa gorrita que cubre la coronilla. Me saludan sin acercarse a mí ni tampoco a sus sobrinas.

—He educado a mis hijas para que no las toque ni un solo hombre que no sea su marido, ni siquiera sus tíos. De esta forma todos tendrán claro que con ellas hay que mantener la distancia y nunca les pasará nada —me cuenta Rivka, antes de que yo pueda preguntarle.

Nos colocamos en torno a la mesa, pero no nos sentamos, sino que permanecemos firmes detrás de las sillas. Rivka, en voz baja, me explica lo que sucede, porque nadie puede hablar excepto el hombre que dirige la ceremonia.

—Ahora mi hermano va a hacer el *kidush*, que consiste en bendecir el vino.

El hombre, sujetando en alto una copa repleta hasta el borde de vino tinto, comienza a cantar en hebreo. Los demás familiares le acompañan respondiendo a sus cánticos en varias ocasiones. Al finalizar, todos dicen «Amén» y el hermano vierte la mitad del vino de la copa en un vaso.

—Vamos a compartir este vino —me anuncia Rivka—. Los hombres beben de la copa y las mujeres del vaso. Ahora, yo impartiré la bendición a mis hijas. Y a ti también, porque hoy eres una hija más —dice poniéndose de pie.

Sus hijas van hacia ella, una después de otra. Su madre les dice algo en susurros y luego les da un beso en la frente. La hermana de mi anfitriona me indica que es mi turno. Me pongo de pie y Rivka me coge la cabeza con sus dos manos. Yo la abrazo con una sonrisa.

—Pido para ti un marido bueno y justo —me dice a modo de bendición y acto seguido me besa la frente.

Yo estoy convencida de que no me voy a casar nunca; prefiero, llegado el caso, tener hijos directamente con el hombre del que estoy enamorada. Pero esto mejor me lo callo, no es mi intención ofender a esta familia tan encantadora.

Tras lavarnos las manos, nos sentamos y su hermano coge dos pequeños bollos de pan. Los bendice con otra oración y luego reparte un trozo a cada comensal.

—¡*Sabbat salom!* —dicen todos al unísono, y a continuación anuncian que ya podemos hablar y empezar a cenar.

Los entrantes están ricos. ¡Comería hummus todos los días de mi vida! Sin embargo, estoy picando menos de lo que acostumbro, porque estoy entretenida observando. Me resulta de lo más interesante la diferencia de rasgos entre unos y otros miembros de la familia. Rivka y sus hermanos tienen las características propias de los rostros españoles con la piel cetrina y el cabello oscuro. Su marido, por el contrario, tiene el cutis de color más tostado y esa nariz aguileña más común en Oriente Medio. Su cuñada, sin embargo, tiene el pelo rubio, los ojos pequeños y claros, así como la piel muy blanca, todo ello propio del centro de Europa. Y es que si hay algo apasionante del Estado de Israel es la multiculturalidad. Desde que se fundó en 1948 aquí han llegado judíos procedentes de muchísimos países del mundo, que luego se han juntado entre ellos dando lugar a familias con raíces de varias nacionalidades distintas. Esta diversidad tiene su reflejo, por supuesto, en la gastronomía israelí: en un mismo día puedes desayunar falafel, comer un *snitzel* y cenar un pescado relleno.

Después de probar un poquito de cada aperitivo, me entran ganas de ir al baño. ¿Estará permitido levantarse de la mesa en medio de la cena? A lo mejor esto también está prohibido... Me decido a preguntarle a Rivka y me da su aprobación.

La luz se enciende automáticamente cuando entro al servicio. No me encaja. ¿No me han dicho que durante el sabbat no pueden usar la electricidad?, ¿será que en esta casa hay domótica y el sistema ha detectado que yo no soy judía y por eso me deja hacer pis con luz?, ¿o es que a Rivka se le ha olvidado apagar algún plomo, sensor o interruptor? Me doy cuenta, por cierto, de que el papel higiénico está cortado en trocitos dispuestos en una cesta para cumplir el precepto de no cortar o romper cosas pegadas.

De vuelta a la mesa, en voz baja para no interrumpir la conversación, le cuento a Rivka lo que me ha sucedido en el baño:

—Quizá yo, que no soy judía, puedo ayudaros a apagar algún botón o alguna cosa —le ofrezco.

—¡Ja, ja, ja, ja! Ay, qué graciosa eres, Verónica. —Sus carcajadas captan la atención del resto de comensales—. No es que no podamos usar la electricidad, lo que no podemos hacer es tocar los interruptores. Para evitarlo, tenemos un sensor de movimiento que activa las luces automáticamente. Y no solo funciona contigo, cielo, sino con todos los que vayan al baño o a la cocina o una habitación... sean judíos o no.

Me mira con una sonrisilla tierna, como de madre, seguramente pensando que soy un poco inocente, o un poco tonta, quién sabe.

—Lo mismo pasa con el ascensor —añade su hermano, que también habla español—, cuando en un rato mi mujer y yo lleguemos a casa, no podemos pulsar los botones para ir a nuestro piso. Podríamos subir por las escaleras o bien esperar a que el ascensor se detenga en la planta baja automáticamente. En sabbat está programado para subir y bajar constantemente, parando en cada uno de los pisos.

—Y si, por ejemplo, hace muchísimo frío y quieres quitar el aire acondicionado, o si te has dejado la nevera abierta, ¿qué puedes hacer para remediarlo? —pregunto sorprendida por lo que me están contando.

—Para eso está el *goy shel shabbat*. Se trata de alguien que no profesa el judaísmo y cuyo trabajo es solucionar los problemas que nos surjan durante el sabbat —explica el hermano de Rivka—. No es que haya uno en cada casa, sino que normalmente presta servicio a una comunidad de vecinos o a una urbanización.

—Como un portero, ¿no?

—Eso es. Pero no es tan sencillo, porque no puedes pedirle abiertamente que te ayude. Tienes que decírselo con indirectas —puntualiza Rivka.

No es necesario pronunciar palabra, mi ceño fruncido y mis cejas apretadas hacen la pregunta por sí sola. Rivka responde tras reírse:

—A ver, que te lo aclaro. Siguiendo con tus ejemplos: si hace frío y quiero que el *goy shel shabbat* apague el aire acondicionado, yo diría algo así como «*uf*, este salón parece el Polo Norte. Qué bien nos vendría un poco de calorcito». O, si me he dejado la nevera abierta, diría: «qué rabia, se nos va a poner mala la comida que hay en el frigorífico», ¿entiendes?

—Bueno, entiendo hasta cierto punto. ¿No es esa una forma diferente de incumplir los preceptos? ¿Qué sentido tiene no encender o apagar los interruptores que activan la electricidad, pero sí hacer uso de ella? No cocinas, pero enchufas una plancha para comer comida caliente. No puedes pulsar el botón del ascensor, pero sí subirte en él. Perdón, chicos, pero es que no lo entiendo.

Intento mostrarme abierta y naif.

—Nosotros no estamos incumpliendo ninguna norma que nos marque nuestra religión —dice Rivka—. Lo que hacemos es seguirlas literalmente; al pie de la letra. Te aseguro que si algún precepto dijera que no se puede comer caliente, no lo haríamos. Nosotros hacemos exactamente lo que nos indican los preceptos judíos. ¿Por qué estas normas son así? No me lo cuestiono, simplemente, las acato. —Me acerca el cuenco de hummus—. Venga, come un poco más, que veo que te ha gustado.

Yo sonrío, unto el hummus en un trozo de pan de pita y me quedo callada, pensando. En mis viajes trato, fuera de mis prejuicios, de entender la forma de vida de mis anfitriones desde su cultura, intento ver el mundo desde su perspectiva. Quizá por mi condición de atea, en este caso me cuesta más que en otras ocasiones empatizar con algunas de sus ideas. Lo que sí he llegado a comprender es el compromiso religioso de esta familia, que no concibe estos preceptos y prohibiciones como un sacrificio, sino como una forma de demostrar su fe. Me parece, de hecho, una postura mucho más digna que la de esos compatriotas míos que van a misa todos los domingos, pero luego son infieles a sus parejas, por poner un ejemplo. Rivka parece una persona feliz; para ella, esas reglas no son una limitación, sino un estilo de vida que hoy quiere compartir conmigo. Creo que es el momento de olvidarme de las preguntas y centrarme en disfrutar de esta experiencia única. Además, todavía queda lo mejor: ¡las doradas!

—Los platos de pescado son típicos del viernes porque Dios creó a los peces un viernes —dice Rivka mientras nos sirve un trozo a cada uno.

—Está buenísimo, Rivka. Me apunto la receta para hacerla en Madrid y acordarme de ti.

—O mejor vuelves aquí otro sabbat y te la preparo de nuevo, ¿qué dices?

—Claro que sí. Y volveré con ese marido que has pedido para mí.

4

NIA Y EL AMOR

MADRID, 2020

Me conecto en videollamada con mi amiga Nia, ella es india y habla desde su casa de Nueva Delhi.

—Pero vamos a ver, Nia, ¿qué es eso del *Tinder para padres*? —le pregunto al poco de empezar.

—Pues es una aplicación para encontrar pareja, igual que las que tenéis allí, pero quienes la manejan son los padres de los jóvenes que estamos en edad casadera.

—Me resulta curiosísimo. ¿Se usa mucho allí en India?

—Sí, porque es muy práctica. Los padres de las chicas ponen un anuncio para decir que buscan marido para su hija y los padres que tengan hijos y que estén interesados presentan una solicitud. En el perfil de los pretendientes se tiene que especificar de qué zona de India son, cuál es su casta, qué religión profesan, qué edad tienen y cuánto dinero ganan.

—¿Y me dices que así es como tus padres han elegido al que va a ser tu marido en unos días?

Aún no sé si esto del *Tinder para padres* me hace gracia o me entristece.

—Eso es, nos casamos en dos semanas. Pero no te preocupes, ¡que seguro que me sale bien! —me contesta con la seguridad en sí misma que la caracteriza.

Nia me tranquiliza porque sabe que, como occidental, esta práctica me parece un horror. En India, el matrimonio de conveniencia ha existido siempre. Aunque ahora se haga cómodamente desde el móvil, hasta hace poco lo habitual era colocar anuncios en el periódico. Históricamente han sido los padres los que han decidido el futuro amoroso de sus hijos para asegurarse de que su estirpe mantuviese su estatus, que en India se establece mediante castas. Este es uno de los sistemas de estratificación social más antiguos que siguen vigentes en la actualidad. Es una estructura muy compleja, pero, básicamente, la sociedad india está dividida en varios escalones atendiendo al origen y al trabajo de sus habitantes. Hay cuatro grandes grupos jerárquicos, divididos a su vez en infinidad de subgrupos. Cada individuo nace con una casta y muere con la misma, porque no puede ser cambiada ni suprimida. En función de su categoría, tiene unos privilegios o unas normas concretas de comportamiento.

A día de hoy, oficialmente todos los ciudadanos indios gozan de las mismas libertades y la discriminación basada en el sistema de castas está penada por ley. Sin embargo, la realidad es que esta estructura social sigue vigente en el imaginario colectivo del país y, para la generación de los padres de Nia, es esencial que sus hijos se casen con alguien de su misma casta, que en el caso de mi amiga es la segunda más alta, siendo el amor un factor secundario.

—Nia, dime solo una cosa. —Me incorporo del sofá para acercarme a la cámara de mi móvil—: ¿Estás enamorada?

—Mmmm... Un poco.

¿Un poco? ¡Cómo que un poco! Me quedo de piedra. ¿Cómo puede alguien no estar loco de amor en los días previos a comprometerse en matrimonio? ¿Y cómo puede Nia estar conforme? Es impropio de ella, más aún teniendo en cuenta lo que me contó cuando la conocí hace cuatro años, precisamente, en una boda en Nueva Delhi.

Corría 2016 cuando me fui con mi equipo a grabar a India. Conseguí que nos invitaran a una boda y que nos permitieran filmarla. Yo estaba pletórica: ¡vaya inmersión en la cultura hindú! Me moría de ganas de ver cómo iban vestidos los novios, de participar en los rituales de un evento como este, de bailar al son de los ritmos de Bollywood y, cómo no, de conocer las costumbres culinarias en los enlaces celebrados en India.

Para colmo, además, era una boda vegetariana, lo que acrecentó mi curiosidad aún más. Aunque para mí resultara extraño, en India esto es más que frecuente, dado que es el país donde menos carne se consume de todo el mundo. Se calcula que, al menos un cuarto de la población es vegetariana. Por cuestiones religiosas, la sociedad india cree que la carne es un alimento impuro y por tanto las castas altas evitan comerla. Los que forman parte de las bajas, conocidos como *intocables*, no tienen más remedio que ingerir cerdo y búfalo, que es lo más barato, o incluso vaca, aunque sea un animal sagrado en el hinduismo. Como dato curioso, el motivo de que muchos reyes y nobles, como Enrique VIII, padecieran de gota, es el hecho de que antaño comer carne en occidente era un privilegio de los ricos.

Así que, tras aterrizar en Delhi, me atavié con un vestido largo y voluminoso que, por dejar un hombro al descubierto, consideré parecido al canon de moda indio y acompañada de mis compañeros me dispuse a captar todos los detalles de una verdadera boda hindú vegetariana.

Las bodas en India suelen celebrarse o bien a las diez de la mañana, o bien a las diez de la noche. A mí me tocó conocer la versión nocturna, mucho más divertida. Aquello era un espectáculo de luz, color y sonido, empezando por los fuegos artificiales, bengalas y petardos. Las invitadas iban todas vestidas con saris rojos, fucsias y morados. Los hombres, con camisola, pantalón holgado y babuchas. Todavía no habían llegado los novios, pero todo el mundo bailaba al ritmo de la percusión y la trompetilla. Yo estaba tratando de mimetizarme, sin éxito, imitando los grandes aspavientos que hacían con los brazos, cuando irrumpió un carro tirado por un caballo. Subido a él venía el novio, coronado con un gran turbante rojo. A continuación, llegó la novia, caminando bajo un gran arco lleno de flores, sujeto por los hermanos de su futuro marido. Vestía un sari naranja y verde lleno de detalles dorados y tenía las manos decoradas con tatuajes de henna. El oro es un elemento imprescindible en las bodas indias porque es una muestra de riqueza y prosperidad, así que la novia lo lucía por todo el cuerpo. En el cuello llevaba un collar muy armado y pesado; en la frente y pegado a la raíz del pelo, un ornamento en forma de serpiente; en las orejas, unos pendientes voluminosos, y en la nariz, un aro tan grande que le llegaba hasta la mejilla.

Al juntarse, los novios se metieron en una especie de carpa pequeña. Entonces ella cogió un dulce con las manos y lo acercó a la boca de su prometido, quien le dio un mordisco. Lo que vino más tarde fue gracioso: los dos sujetaban sendos collares de flores blancas y rojas, parecidos a esos que asociamos a Hawáii. La tradición dice que el primero en ponérselo al otro es quien llevará la voz cantante en la relación. En este caso, el novio se apresuró para colocárselo antes a su novia, pero lo hizo riéndose, como en broma. En India, este intercambio simboliza la aceptación del uno por el otro, hace las veces de nuestra entrega de anillos, que allí no tiene lugar. Lo que sí es habitual, como fue el caso en esta boda, es que el novio le ponga a la novia un collar de oro y piedras negras, que deberá llevar tanto tiempo como dure el matrimonio. Yo estaba esperando el beso, que no llegó a producirse. Los novios no juntaron sus labios en toda la noche, porque entre los indios más conservadores no está bien visto darse muestras de cariño en público.

Lo que más me llamó la atención de este ritual fue que los prometidos no estaban solos en un altar o en una zona aislada, separados de los demás. Tampoco estaban sentados. Durante toda la ceremonia se mantuvieron de pie y rodeados de sus amigos y familiares, que permanecieron pegados a ellos. No era por falta de espacio, los jardines donde se celebraba el evento eran muy amplios. Una vez casados, entonces sí, se colocaron en un pequeño escenario elevado para hacerse fotos y recibir los regalos de los invitados.

Terminada la ceremonia, mis compañeros y yo paramos el rodaje para picar algo. Eran ya las doce y media de la noche y no habíamos cenado nada. Afortunadamente, todavía quedaba mucha comida en el *buffet*. Por lo visto, lo más común en las bodas indias es que los invitados se levanten a servirse ellos mismos. Los novios y su familia, por el contrario, suelen contar con el servicio de una cantidad de camareros tan numerosa que fácilmente podrían atender a todos los asistentes de la boda. Mientras yo curioseaba entre las bandejas del banquete, debatiéndome sobre qué coger de entre los platos vegetarianos, se me acercó una chica joven, de ojos negros muy grandes, tez oscura y gran sonrisa de dientes blancos. Llevaba un sari azul y un corte de pelo muy estiloso, similar a una melena francesa. En el entrecejo, un punto pintado en color negro.

—Cuidado, esas lentejas son muy picantes, quizá demasiado para ti —me dijo en inglés con un encantador acento indio.

—A mí me gusta mucho el picante, pero si me adviertes, por algo será. ¿Y lo de ahí qué es? —Señalé unas legumbres marrones que había en otra fuente.

—Es otro tipo de lentejas, pero esas son dulces y llevan anacardos. Y aquí tienes más lentejas, pero con espinacas.

—¡Adoráis las lentejas, por lo que veo!

—Sí. En India, las lentejas son un alimento esencial en la dieta. Pero hay más cosas que puedes comer. Mira —me indicó mientras se desplazaba unos metros para llegar a otras bandejas —, también puedes comer guisantes, garbanzos... y el pan, que están haciendo ahí mismo en el *tandoor*, ¿ves?

El *tandoor* es un horno cilíndrico que funciona con carbón vegetal y que alcanza temperaturas por encima de los cuatrocientos grados. El pan plano y recién hecho que había en la boda constituyó la mitad de mi cena. No porque las lentejas no estuvieran buenas además de muy picantes, sino porque el pan *tandoori* estaba delicioso. Me lo comí estando de cháchara con esta chica, llamada Nia, con la que congenié al instante. Descubrí en ella a una india muy moderna, con mucho carácter y mucha personalidad. Le conté que mis compañeros y yo éramos periodistas y ella a mí que era estudiante de magisterio. Nos quedamos hablando como cotorras hasta las tantas, mientras refrescábamos el buche a base de empalagosas bebidas edulcoradas, ya que en las bodas tan religiosas como esta no suele servirse ni gota de alcohol. Nia y yo nos caímos tan bien, que decidimos volver a vernos.

Al día siguiente, quedamos en Chadni Chowk, la zona más bulliciosa del centro de la vieja Delhi, no apta para claustrofóbicos ni agorafóbicos. Nos abrimos paso a través de ese laberinto de calles atestadas de gente, colmadas de puestos de ropa, tiendas de especias y locales de comida callejera, hasta que llegamos a un pequeño restaurante que resultó ser un oasis de paz entre tanto caos. Era un tanto lúgubre, con techos bajos y mesas corridas de color naranja realmente feas, pero dentro de ese lugar no se oía nada del ajetreo exterior. Le pedimos al camarero unas *samosas* vegetales y un pollo *tikka masala*. Luego nos entregamos al marujeo, sobre todo al amoroso. Por aquel entonces, Nia tenía veintitrés años y salía con un chico del que estaba tremendamente enamorada. El problema era que tenían que mantenerlo en secreto.

—Mis padres no pueden enterarse —me dijo tras partir una *samosa* por la mitad—. Para empezar, somos de distintas castas. Y para seguir, yo provengo del sur de India y mi novio es del norte.

—¿Y por qué eso es un inconveniente? —Por aquel entonces yo tenía un noviete vasco, otro en Portugal y uno más en Bélgica.

—En este país, las diferencias culturales entre el norte y el sur son abismales. Mi familia jamás toleraría que me casara con alguien de origen distinto.

Su tono era meramente informativo, sin lamentos.

—No puede ser tan grave, ¿no? —Cogí un trozo de pollo—. ¿Qué pasaría si decidieras pasar de la opinión de tu familia?

—Pues que me repudiarían de por vida. Así de duro es, Vero. Pero, claro, hacer caso a mi familia supondría renunciar al amor verdadero.

¡Qué disyuntiva!, pobre Nia. Y qué realidad más ajena a mi mundo. Un tercio de mi entorno son parejas constituidas por personas, ya no de diferentes provincias españolas, sino de diferentes nacionalidades.

—Mis padres están un poco pesados con lo de buscarme novio ellos mismos —retomó ella— y yo no paro de darles largas. Claro, no saben que yo ya salgo con un chico.

—Entonces, Nia, ¿qué vas a hacer? —le pregunté mientras mezclaba el arroz con la densa salsa del pollo *tikka masala*.

—Mira, por el momento prefiero no pensar en el futuro y disfrutar de mi novio. Lo que tengo claro es que no voy a caer en el matrimonio de conveniencia. Me niego.

Así de rotunda y tajante se mostraba esta veinteañera india cuando estuve con ella en Delhi. Por eso me sorprende tanto que hoy, cuatro años después, me diga que finalmente va a casarse con alguien que sus padres han escogido para ella. Necesito entender qué ha pasado para que se decante por esto, así que decido seguir insistiendo hasta comprenderlo, sin importarme que en este preciso instante en Nueva Delhi sean las doce de la noche y que Nia esté deseando acostarse.

—Vamos por partes, Nia. Cuéntame qué pasó con aquel chico del norte que tanto te gustaba.

—A ver, estuve varios años con él, pero después de un tiempo me empecé a dar cuenta de esas diferencias culturales de las que hablaban mis padres.

—¿Por ejemplo? —pregunto mientras enchufo el cargador a mi móvil que se está quedando sin batería.

—Lo más grave de todo es que en el sur de India, de donde yo vengo, la mujer puede tener un trabajo. En el norte tiene que quedarse en casa todo el día. ¡Y yo no iba a pasarme el resto de mi vida en la cocina!

Por fin saca a relucir ese temperamento suyo que me cautivó al conocerla.

—¡Obviamente! —digo—. Si eso era lo que él quería para ti, no me extraña nada que lo dejaras. Porque deduzco que rompiste tú, ¿no?

—Sí, aunque reconozco que me costó mucho darme cuenta de la realidad. Hubo un tiempo en el que me planteé renunciar a mi familia y a mi futuro profesional por amor. Estaba muy enamorada de mi ex. Pero era una relación un poco tóxica. Así que decidí darle una oportunidad al matrimonio de conveniencia.

—Entiendo que en ese momento te morías por encontrar un novio de tu casta y originario del sur, como tu familia. Pero conociéndote, es raro que le encomendaras la tarea a tus padres, en lugar de buscarlo tú misma.

—Ya he experimentado cómo es una relación por amor y he visto que no necesariamente funciona. ¿Por qué no voy a probar esta otra vía? Además, así tendré contentos a mis padres.

Me fascina que Nia establezca esta distinción tan clara entre el matrimonio *por amor* y el de conveniencia. Pensándolo bien, no está tan lejos de mi contexto. Para mí existen dos tipos de relaciones: las que yo defino como *de amor* y las que denomino *de confort*. La diferencia estriba en que, aquí, en occidente, nadie reconoce abiertamente que está con su pareja por comodidad, por sentirse acompañado o por cumplir con la demanda social. En cualquier caso, parece claro que mi amiga contempla esta fórmula como una opción válida.

—Lo del matrimonio concertado suena peor de lo que es, Vero —me asegura Nia—. Es verdad que hace años los padres imponían a sus hijos la pareja con quien debían. Ahora se trata, más bien, de un trabajo en equipo. Los padres utilizan su red de contactos y el *Tinder para padres*, y cuando creen haber encontrado un candidato idóneo, se ponen de acuerdo con la otra familia y los presentan. Cuando se conocen, el chico y la chica son quienes deciden si siguen adelante o no. La última palabra la tienen los novios.

—¿Y en tu caso cómo fue la cosa? ¿Tuviste que quedar con muchos antes de él?

—La búsqueda fue *muuuy* larga. Mis padres tardaron medio año en dar con alguien que nos gustase a todos. No tuve que sufrir eso de quedar con cincuenta chicos y que ninguno me sedujera. Gaurav, mi prometido, fue mi única cita, y la cosa cuajó —explica ella recostándose en su cama.

—¡Cuéntame, cuéntame! ¿Cómo fue ese primer encuentro con Gaurav?, ¿y cuándo?

—Fue hace seis meses. Gaurav vive en Bombay, así que cogió un vuelo y se desplazó hasta Nueva Delhi.

Primero vino a casa para conocer a mis padres, luego nos fuimos los dos solos a un centro comercial y a comer. No fue un flechazo, pero no me disgustó. Estuvo bien —dice Nia con sinceridad.

—Y dices que os casáis en dos semanas... —Hago una pausa para pensar—. Teniendo en cuenta que Bombay está a mil cuatrocientos kilómetros de Delhi, intuyo que no os habréis visto muchas veces en estos seis meses. ¿Cuántos días habéis pasado juntos? ¿Unos cinco en total?

—¡*Nooo*, Vero! Muchos más, unos quince o así. Y además me llama mucho por teléfono.

Estoy en shock. En España hay gente que tarda diez años en casarse después de empezar a salir. Nia, sin embargo, va a contraer matrimonio con un chico al que ha visto en persona quince días en total. La parte buena es que ella no parece sentir miedo ni tristeza. Ni siquiera resignación. No parece muy enamorada de Gaurav, pero la veo serena y muy segura de su decisión. Parece que Nia se ha pasado al grupo del 75% de jóvenes indios de entre dieciocho y treinta y cinco años que prefiere el matrimonio concertado a buscar pareja por su cuenta. En el norte del país, que es más tradicional, esta cifra alcanza el 82%.

Me levanto del sofá y camino con el brazo elevado para seguir viendo a Nia mientras me desplazo hasta la cocina para hacerme una infusión. Hay algo que quiero preguntarle, pero no me decido.

—Oye... —titubeo—. Deduzco que, con tan poco tiempo, Gaurav y tú no habéis tenido relaciones aún...

—¡Claro que las hemos tenido! —Suelta una carcajada—. Eso es mejor que mis padres no lo sepan, ya sabes que aquí no está bien visto perder la virginidad antes del matrimonio. Cuando Gaurav venía a verme a Delhi, se quedaba alojado en un hotel. Y alguna de esas tardes aprovechábamos.

Nia me aporta algún que otro detalle para hacerme saber que en el plano carnal está contenta.

—Me encanta verte tan convencida, pero, si te soy sincera, me sorprende mucho. ¡Estabas tan enamorada de tu ex! ¿Ya no piensas nunca en él? —le pregunto yo al tiempo que escojo una bolsita de té *rooibos*.

—Entre tú y yo, en estos seis meses que llevo con Gaurav he dudado mucho. Hubo dos ocasiones en las que quise dejarle y volver con mi ex. Fui a una consejera y todo, pero esto tampoco se lo conté a mis padres.

—¿Cómo que a una consejera? Hija, Nia, cada cosa que me cuentas me deja más loca.

Se ríe al ver mi cara de sorpresa.

—La consejera es algo así como... como una psicóloga —me aclara—. Lo único es que está más centrada en asuntos amorosos y en matrimonios concertados. Digamos que es alguien que te ayuda a gestionar los problemas en ese terreno.

—Y tú fuiste a contarle que no lo tenías claro y que pensabas mucho en tu ex, ¿verdad? Quiero saber qué te dijo, porfa...

—Mis dudas se disiparon en cuanto la consejera me hizo una pregunta: «¿De verdad quieres pasar el resto de tu vida con un hombre del norte, que te va a tener todo el día en casa y que no va a permitir que te realices profesionalmente?». Ya sabes la respuesta: definitivamente, no.

En India, por tradición, tras el matrimonio la mujer se muda a vivir con su marido a casa de sus suegros, con ellos incluidos. Dentro de la estructura patriarcal del país, el hombre es quien trae el dinero a casa, mientras la mujer se dedica a la casa y al cuidado de los hijos, y también de sus suegros cuando estos envejecen. Dado que al casarse la mujer deja a sus padres para irse con la familia política, tener una hija no se considera rentable. Hay un proverbio hindú que dice que criar a una hija es como regar el jardín del vecino. Este pensamiento es el motivo por el que en India desaparecen cada año un millón de niñas. ¡Un millón! Este genocidio silencioso contra las mujeres tiene lugar, también, durante el embarazo. Para evitar el aborto selectivo, en India está prohibido conocer el sexo de un bebé antes de que la madre dé a luz. Actualmente, en este país hay treinta y seis millones de hombres más que de mujeres, o lo que es lo mismo: 943 mujeres por cada 1.000 hombres. Una ratio que está muy por debajo de la media mundial: 984 mujeres por cada 1.000 hombres. Pensar en estos datos me provoca escalofríos, me parece una barbaridad. Pero no quiero olvidar el contexto social: en India el 20% de la población es pobre y alimentar a un hijo o a una hija supone, en muchos casos, un esfuerzo sobrehumano.

—Oye, entonces te tienes que mudar a Bombay, con tu familia política. ¿Cómo vas a llevar eso? —le pregunto.

—Lo de ir a Bombay me apetece muchísimo. Estuve una vez visitando a Gaurav y me encantó. En cuanto me instale allí, buscaré trabajo como maestra. Y la suerte es que vamos a vivir él y yo solos —me cuenta guiñándome un ojo.

—¡Anda! Si eso en India es rarísimo.

—Sí, lo hacen muy pocos matrimonios. Es que Gaurav estudió la carrera en Estados Unidos y vive solo desde hace muchos años. A nuestros padres les parece bien, así que es perfecto.

Ahora comprendo que, si Nia se ha decantado por el matrimonio de conveniencia, no ha sido solo para agradar a su familia, sino también por ella misma, para salir del nido paterno en Delhi y explorar, crecer y florecer. Y puede que lo consiga de la mano de Gaurav. Me da la sensación de que este chico, tras haber vivido en el extranjero, tiene una forma de pensar bastante occidentalizada, porque eso de tener un hogar únicamente para ellos dos es algo insólito, propio de parejas modernas. Está claro que Nia quiere a un hombre abierto a su lado y parece que Gaurav lo es. ¿Quién sabe? Quizá sean más compatibles de lo que yo creía y esta historia les acabe saliendo bien.

—Si tú estás contenta, yo también. Que disfrutes mucho la boda, Nia. Te dejo irte a dormir. Descansa.

—Gracias, Vero. Ya te contaré.

MADRID, 2021

Nia se casó hace ya un año. Me mandó fotos de la boda y estaba preciosa: llevaba un sari de color crema con motivos fucsias, haciendo juego con los tatuajes de henna de se había hecho en los brazos. Ahora vive con Gaurav y está feliz descubriendo Bombay. Encontró empleo al poco de llegar, en un colegio donde es profesora. Hoy me ha mandado una foto por WhatsApp. Sale de lado y está de pie, con la camiseta remangada, luciendo un *triponcio* enorme.

¡Qué me dices, Nia! ¡Enhorabuena! Vaya bombo, ¿de cuánto estás? No te pregunto si es niño o niña porque deduzco que no lo sabes.

¡Gracias, Vero! Estoy de cinco meses. Hasta que nazca no sabremos el género, pero yo quiero una niña.

Cuánto me alegro.
¿Con Gaurav todo bien?

Estoy feliz, Vero. Ha superado todas las expectativas de un marido ideal. Me apoya en todo y yo a él. ¡Nos entendemos tan bien! Igual que yo, pasa de las costumbres, de las creencias inútiles, del sistema patriarcal...

Cuando te conocí renegabas del matrimonio concertado, ¡pero a ti te ha salido de maravilla!

Sí, nunca pensé que funcionase. Y mírame, ahora estoy enamoradísima, y con un bebé en camino.

Enhorabuena una vez más. Cuídate mucho, Nia.

5

MEI Y LA HOMOSEXUALIDAD

—¿Qué dices, Vero? ¿Te animas a que un vidente te adivine el futuro? —me propone Mei.

—¡Uy! ¡Por supuesto! Con lo que me gustan a mí estas cosas esotéricas. A ver si me dice algo bueno.

Entramos en un templo confucionista situado en el corazón de Macao. Está decorado con muebles de madera roja, tapados en su gran mayoría por oro en forma de grabados, lámparas y estatuas de Confucio. Huele mucho a incienso. Excesivamente, diría yo.

Hemos decidido entrar porque me ha llamado mucho la atención su fachada, repleta de caracteres chinos y rematada por un techo curvo de tipo asiático, lo cual contrasta con la arquitectura neoclásica del resto de edificios de la calle. La mezcla de influencias es el mayor encanto de esta ciudad del sur de China. Macao fue colonia portuguesa durante cuatrocientos cincuenta años hasta 1999. Esto dejó su poso en materia de edificios, gastronomía, población e idiomas. De ahí que no sea raro salir de visitar una iglesia barroca y toparse de repente con un templo taoísta o confucionista, como este que visito en compañía de Mei.

Tiene veinticuatro años. Es esbelta, bastante alta para ser china, tiene la piel clara y el pelo oscuro con reflejos claros. Va vestida con vaqueros y camiseta. Resulta cercana en sus gestos, algo que me agrada pero que es extraño en China, donde se guardan más las distancias, más aún si, como es el caso, se trata de personas a quienes se acaba de conocer.

Nos ha puesto en contacto un amigo común que trabajó aquí durante unos meses. Mi regla de oro como viajera de pro es que, allá donde voy, intento moverme siempre acompañada de gente local. Mei se conoce Macao como la palma de su mano porque estudia aquí, aunque vive con sus padres en Zhuhai, una ciudad que se encuentra justo al otro lado de la frontera. El puesto fronterizo es en realidad una puerta física que conecta la China continental con la península de Macao. Mei lo cruza dos veces al día para ir y volver de la universidad. Más allá de las clases, aprovecha para disfrutar de esta ciudad tan especial, bastante más divertida que la suya. Se ve que le entusiasma cada rincón de la misma y que le gusta hacer de anfitriona y de guía. Está en su salsa haciendo de intérprete entre el adivino confucionista y yo.

Mei, siguiendo las indicaciones del brujo, me muestra un recipiente circular cuyo contenido es una cincuentena de palitos finos de madera. Tienen forma aplanada, parecida a una lima de uñas, pero son más gruesos, largos y pesados.

—Dice este señor que lo primero que has de hacer es elegir un bastoncito de este bote. —Procedo a seguir sus instrucciones—. Ves que ese palo tiene un número, ¿verdad?

Examino el palo hasta encontrar en un extremo el diminuto número

—Sí, el veintidós —digo.

—Pues ahora, de entre todos esos papeles colocados en aquella mesa, él va a coger el que lleva ese mismo número.

Me desplazo hasta la mesa dorada donde están los papeles enrollados como si fueran papiros. Parecen ligeros y frágiles, todos tienen caracteres chinos escritos y están pintados de colores estridentes: naranja, amarillo chillón, verde fosforito. El vidente curiosea entre los rollos. La verdad es que su indumentaria no concuerda mucho con la imagen de brujo que tengo yo en la cabeza, con túnica y turbante. Supongo que esta imagen absurda la habré sacado de alguna película o de los canales de pitonisas. Este brujo es bajito y regordete. Va ataviado con un gorro de lana, unas gafas de miope, un chaleco de plumas y un jersey beige. Aún no he dilucidado si este *look* me inspira confianza o más bien todo lo contrario. De repente, coge uno de los papeles, de color fucsia, y comienza a hablar.

—¡Qué dice! ¡Qué dice! Mei, traduce, por favor.

No sé por qué, pero siempre me han hecho gracia estas chorradas.

—Veamos —dice Mei—. El papel dice que vas a ser una mujer con mucho éxito en tu profesión. Dice que eres ambiciosa y llegarás lejos en tu campo. Sin embargo..., ay..., según este señor, en el amor no vas a tener tanta suerte. Tienes muchos pretendientes, pero tus relaciones de pareja van a ser como una montaña rusa.

—Vaya, qué mala pata. O sea que mi vida amorosa va a ser un desastre... Bueno, al menos nunca me faltará trabajo.

Sonrío al adivino y le hago una reverencia en forma de agradecimiento. Cojo el papelito fucsia, que nada más aterrizar en Madrid colgaré en mi nevera, donde seguramente permanecerá durante años. Salgo del templo, agarrándome de nuevo al brazo de Mei con idea de seguir el paseo por el centro de Macao.

—Vaya con el tío. Ha tirado por la borda todos mis sueños de amor eterno, Mei. Y va y me lo suelta así, sin anestesia. Ya me podría haber mentido y me iba de aquí mucho más contenta.

Creo que Mei no acaba de pillar la ironía.

—No te preocupes, Vero. Si te sirve de consuelo, estoy segura de que en el terreno amoroso nunca sufrirás tanto como yo —afirma cabizbaja en cuanto salimos del templo.

¡Uy! ¿Y eso? ¿Qué le pasará a esta criatura? No quiero ser entrometida y preguntar más de la cuenta, pero entiendo que si ha sacado ella el tema, será porque le apetece hablar de ello. Le abro la puerta a que me cuente su inquietud.

—No sé si podré ayudarte, pero si quieres desahogarte, soy toda oídos.

—Vamos a comer algo y te lo cuento con calma cuando estemos sentadas. Voy a llevarte a la isla de Taipa —contesta ella levantando la mano para parar un taxi.

Taipa y Coloane son dos islas unidas por puentes que, junto a una península, forman Macao. La superficie total no llega a los treinta kilómetros cuadrados, por lo que rápidamente llegamos a nuestro destino: una zona en la que destacan el suelo empedrado, las casas coloniales pintadas de colores pastel y los comercios con los carteles escritos en chino y en portugués.

—En Macao conviven tres razas étnicas: los chinos, los portugueses y los macaenses, que son la fusión entre ambos —me explica Mei—. Aquí, en Taipa, el influjo luso es muy potente y oirás hablar portugués en cada esquina, porque, junto con el chino cantonés, es la lengua oficial en todo Macao. Y lo bueno es que en esta isla se puede comer tan bien como en Lisboa.

Sonríe y señala la entrada de un restaurante.

—¿O'Santos? —digo al leer el nombre en el cartel—. ¿Aquí es donde me traes? Suena a portugués, desde luego.

—Efectivamente. Y verás el *bacalhau* tan rico que hacen.

El interior del local está forrado de bufandas de equipos de fútbol portugueses y fotos de los jugadores. Me quedo callada por si, ya sentadas tranquilamente, quiere retomar el tema de conversación que tenemos pendiente. Mei respira una vez profundamente antes de hablarme en susurros:

—Verás. A la salida del templo te decía que mi situación amorosa es complicada porque... soy lesbiana.

—Vale, ya comprendo. Y, por el tono en el que lo dices, deduzco que eso, aquí, supone un problema —respondo.

—Bueno, justo aquí en Macao, no lo es. Pero en el resto de China, y en concreto al otro lado de la frontera, donde yo vivo, está muy mal visto ser homosexual. Nunca permitiría que mis padres conociesen mi orientación sexual. Si lo descubren, los veo capaces incluso de llevarme a un psicólogo para reconvertirme en hetero.

Lo que explica Mei suena exagerado, pero lamentablemente es una realidad en China, donde la homosexualidad ha estado considerada como un desorden mental hasta 2001. A día de hoy los prejuicios siguen existiendo. No es raro que los padres de un hijo gay, o incluso el propio hijo, recurran a la terapia psicológica para tratar de cambiar su orientación sexual. En algunos casos llegan a practicarse técnicas tan horribles y desfasadas como el electroshock.

Esta forma de pensar está muy unida a aspectos culturales muy arraigados en la sociedad china. La familia tradicional es el eje primordial de la vida, y la misión principal de los hijos es asegurarse de tener descendencia para continuar con el linaje. La postura del gobierno chino con respecto al mundo LGTB es la conocida como política de los tres noes: no aprobar, no condenar y no promover. La realidad es que la homosexualidad —y no hablemos ya de la transexualidad— es un tema tabú entre los chinos.

—En la China continental —me cuenta Mei—, si alguien te ve por la calle dando la mano a una persona de tu mismo sexo, lo habitual es que se quede mirándote fijamente con la boca abierta. Por eso, aunque viva allí, cuando salgo de la universidad me quedo en Macao para pasar aquí la mayor parte del día. En mi ciudad ni se me ocurre mostrarle cariño a mi novia. Aquí en Macao, por el contrario, puedo darle un beso en la calle sin que llame demasiado la atención.

—¿Y por qué en Macao la homosexualidad no está vetada?

—Pues porque en Macao rige un régimen administrativo especial dentro de China, igual que en Hong Kong y Shanghái, por lo que son regiones que gozan de mucha autonomía política con respecto al resto del país. Hay libertad sexual, libertad de expresión y libertad de prensa.

—De hecho —le comento—, Macao es de los pocos lugares de China donde he podido entrar a revisar mi correo de Gmail, utilizar WhatsApp y ver vídeos en YouTube.

Me acuerdo de lo difícil que fue gestionar imprevistos durante mi rodaje en Pekín precisamente a causa de estas restricciones.

—Claro —dice Mei—, es que Google y sus derivados están bloqueados. En este país tenemos otras plataformas de búsqueda cuyo contenido pueden controlar desde arriba. En Macao, sin embargo, Google no está censurado. Y tampoco las apuestas: este es el único sitio de China donde está legalizado el juego.

A Macao, de hecho, se la conoce como Las Vegas de Asia, por la cantidad de casinos que alberga, que generan entre cinco y siete veces más dinero que el propio Las Vegas. Los casinos se concentran en una zona determinada de la ciudad, en el interior de enormes hoteles de lujo. Están decorados con luces, fuentes y réplicas de monumentos del mundo, como la torre Eiffel o los canales de Venecia, con góndolas, *gondolieri* y toda la parafernalia. Es de los lugares más horteras que me he encontrado en mis viajes por el mundo, pero reconozco que esta locura de ruletas y *blackjack*, mezclada con la herencia portuguesa y con las raíces chinas, hacen de Macao un lugar muy estimulante. Capitalismo y comunismo; oriente y occidente; catedrales y templos; rostros asiáticos y europeos; *dim sum* y *pastéis de Belem*... ¡Es fascinante!

—*Bacalhau á Lagareiro, meninas. Bom proveito* —dice el camarero en un encantador portugués dejando el plato en la mesa.

—*Obrigada* —contesto yo, sin quitar ojo al lomo de pescado para luego girarme hacia Mei—. ¿Y por qué no te mudas definitivamente a Macao?

—No puedo hacer eso, tengo que estar cerca de mis padres. En China la familia es muy importante y no les gustaría nada que me alejara tanto de ellos. Además, aunque lo hiciera, tampoco ganaría mucho, porque el matrimonio gay no está reconocido, ni siquiera aquí en Macao —me explica apesadumbrada.

—Entonces, ¿qué puedes hacer al respecto? ¿Ocultarles a tus padres tu homosexualidad durante toda tu vida?

—No me queda otra. Supongo que acabaré casada con un gay para que ambos tengamos una tapadera —me dice con semblante serio, lo cual me hace darme cuenta de que no es ninguna broma, sino una opción que Mei considera viable.

—¿Cómo? ¿Vivirías con alguien de quien no estás enamorada y que tampoco está enamorado de ti para ocultar tu orientación sexual? —le pregunto mientras divido y sirvo el pescado.

—Sí, estaría dispuesta a vivir una vida de mentira, porque, ¿qué otra opción tengo, Vero? Si mis padres se enterasen algún día, dejarían de hablarme. El matrimonio sin amor es una buena alternativa. Hay páginas web donde gais y lesbianas se ponen en contacto con la intención de casarse, para conseguir que su entorno crea que constituyen una pareja heterosexual.

Aunque a mí me parezca una medida desesperada y rocambolesca, en la sociedad china ha sido habitual esconder la condición de homosexual —especialmente la masculina— a través del matrimonio. Se calcula que en China hay veinte millones de hombres homosexuales, de los cuales más del 80% está casado con mujeres heterosexuales. De hecho, existe un término específico para las esposas de los hombres gais. *Tong Qi* que se traduce literalmente como mujer de un gay y se refiere a la mujer heterosexual que se casa con un hombre gay sin saberlo y que, cuando descubre el pastel, decide no divorciarse por miedo a ser estigmatizada.

—En mi caso, por lo menos, estaríamos en igualdad de condiciones: yo sabría que mi marido es gay y él que yo soy lesbiana —dice Mei.

¡Qué lástima! Una chica tan joven reprimiendo sus sentimientos, emociones e impulsos hasta el punto de plantearse vivir una farsa para el resto de sus días. Como si me estuviera leyendo la mente, Mei decide profundizar en los detalles de esa posibilidad:

—El matrimonio sería de cara a la galería. De puertas para adentro seríamos simplemente amigos o compañeros de piso, y cada uno tendría libertad para hacer lo que quisiera con otras personas.

—Pero ¿cómo? Si en la China Continental no podéis mostraros afecto con personas de vuestro mismo sexo en la calle...

—Claro, es que eso pasa dentro de las casas. Imagínate que yo, definitivamente, acabo casándome por esa vía. Si un amigo de mi marido gay viniese a casa, yo saldría por la puerta para dejarles intimidad. Y si viniese mi novia, él haría exactamente lo mismo —me explica a la vez que pincha unas lascas del bacalao con el tenedor.

—Mei, ¿de verdad podrías vivir así? Suena complicado y durísimo ocultar tu verdadero yo a las personas que más quieres y compartir tu día a día con alguien por quien no sientes nada. ¿No sería mejor estar sola?

—¡Uy! ¡Qué va, Verónica! Yo no puedo darles a mis padres el disgusto de no casarme nunca. Soy su única hija y tienen muchas esperanzas puestas en mí. Aún hay tiempo, porque aquí la gente se casa entre los veintisiete y los treinta y tres años. Pero antes o después tendré que encontrar un marido.

La *política de un solo hijo*, vigente desde 1979 hasta 2016, añade, aún más complicaciones a las condiciones de vida de los chinos homosexuales. Esta norma no permitía a los ciudadanos de las urbes chinas tener más de un hijo. Como consecuencia, los padres invierten todo su esfuerzo y dinero en ese hijo único, depositando en él todas las expectativas de futuro. Esto, combinado con el valor que la cultura china otorga al honor familiar, genera una presión enorme sobre su sucesor. Desde pequeños viven obsesionados con sacar buenas notas en el colegio, lograr éxito profesional, casarse, y continuar con la estirpe teniendo descendencia, especialmente en el caso de los varones. Actuar de forma diferente supone deshonrar a los progenitores y esto es lo que Mei se niega a hacer.

—No es tanto por lo que mis padres puedan opinar de mí o porque no me vayan a hablar si se enteran de que soy lesbiana. Si no se lo voy a contar nunca, es por lo tristes que se pondrían. Su mundo se vendría abajo, no soportarían vivir con este agravio en su historia familiar. Aunque, ¿sabes qué? —Hace una pausa para beber un buche de *vinho verde*—. Fueron ellos los que, sin darse cuenta, me ayudaron a descubrir que me gustan las chicas.

—¿A qué te refieres? —Pruebo un trozo de pescado.

—Me metieron en un colegio mayor femenino durante la carrera, una práctica frecuente en China: los universitarios vamos a colegios mayores separados por género. Los padres creen que de esta forma hay menos posibilidades de que mantengamos relaciones sexuales, pero a veces provocan todo lo contrario. Al final, estudias, duermes, comes y vives durante muchas horas con personas de tu mismo sexo, por lo que acaban surgiendo muchas parejas homosexuales.

—¿Fue en el colegio mayor donde supiste que eras lesbiana?

Me cuestiono sobre si ocurrirá lo mismo en los colegios mayores de sexos segregados que hay en España.

—Más o menos. Hubo un precedente. Cuando tenía catorce años, yo llevaba el pelo corto y tenía un *look* un tanto masculino. En cierto modo, parecía un chico y hubo compañeras que me confesaron que yo les gustaba. Por aquel entonces a mí no me gustaban las chicas, o quizá sí, pero me daba miedo reconocerlo. Me di cuenta de la realidad más tarde, cuando entré en la universidad en Macao, que al ser una ciudad más abierta me hizo sentir libre y aceptarme como soy.

Se puede decir que Mei fue una precursora con ese corte de pelo a lo *garçon*. Actualmente, en China está muy de moda que las mujeres luzcan un estilo masculino, tanto en el cabello como en la ropa, con el que resulta difícil diferenciar si se trata de hombres o mujeres.

—Estas chicas de apariencia varonil son más atractivas que los chicos chinos. Y es que si en este país hay más lesbianas que gais es porque los hombres no son ni guapos ni seductores. Mira, fíjate en esa —dice señalando con la barbilla en dirección a una chica de una mesa cercana.

Es cierto que tiene aspecto andrógino, pero, sinceramente, yo no le veo ningún atractivo. Ni más ni menos que a un hombre chino, vaya. Me hace gracia la teoría de Mei sobre la cantidad de lesbianas. ¿Será cierta? En cualquier caso, debe de resultar muy duro ser hombre en China, no solo porque no se coman un colín, sino porque, además, si quieren casarse tienen que ser dueños, al menos, de una casa y un coche.

—Ha de tener dinero y posesiones, esa es la condición indispensable para que una mujer acceda a casarse con un hombre en China. O, más bien, para que la familia de una mujer le dé permiso para contraer matrimonio con él —me cuenta Mei mientras me sirve las patatas que acompañan el bacalao.

—¿Y eso por qué? —digo—. Es increíble que en una superpotencia como China ocurra esto. Sois un país desarrollado, motor económico de Asia y del mundo pero, sin embargo, no tenéis libertad para casaros con quien os dé la gana ni para mostrar abiertamente vuestra sexualidad. Me hierve la sangre. —Aprieto las palmas de mis manos contra la mesa para mostrar mi ira—. ¿Y esto en qué posición te deja a ti, Mei? No solo tienes el reto de encontrar a un hombre gay que esté dispuesto a contraer un *matrimonio tapadera*; también tiene que ser rico. Esto ya es rizar el rizo.

—Exacto. Lo has explicado muy bien. Eso es justo lo que necesito. Pero, ojo, que la tarea es doblemente complicada, porque no hay que encontrar un hombre que cumpla todos estos requisitos, ¡sino dos! Uno para mí y otro para mi novia. —Se ríe sonoramente—. Más nos vale ponernos a buscar ya, porque creo que nos va a costar años conseguirlo.

Me alegra ver que, al menos, se lo toma con humor. Animadas por el *vinho verde*, nos ponemos a elucubrar sobre cómo sería el marido postizo perfecto para Mei. Nuestras carcajadas atraen las miradas del resto de clientes. Al terminar el bacalao y todas las patatas —buenísimos, por cierto—, salimos del restaurante por su acceso a *rúa do Cunha*, conocida como la calle de los Postres, un paraíso para los golosos como yo. Es una vía de acceso peatonal, impregnada en el aroma de los dulces recién hechos que se elaboran en las tiendas situadas a ambos lados.

—Buf, Mei. ¡Esta calle es mi perdición! —confieso—. Helados, *pastéis de nata* portugueses y *cookies* por todas partes. ¿Tú no sabes que a mí mi familia me llama El monstruo de las galletas?

—Pues entonces tienes que probar estas de jengibre; son mis preferidas.

Probamos un trocito que nos ofrece gratis un comerciante.

—Abizcochadas y no muy dulces —digo—. Están buenas, pero creo que me van a gustar más estas, que parecen crujientes. —Le hinco el diente a otra, redonda y finita—. Efectivamente, estas me flipan. Voy a comprar algunas cajas para repartir en Madrid.

Cargadas con un par de bolsas en la mano izquierda y un *pastel de nata* en la derecha, seguimos nuestro paseo por la isla de Taipa. La conversación previa me ha removido un poco, aunque supongo que mucho más le habrá afectado a ella.

—Oye, Mei. Y si quisieras tener hijos... —le pregunto.

—Afortunadamente, no tengo el deseo de ser madre —contesta con seguridad.

De momento, añado mentalmente, porque por lo que he visto en mi entorno, la mayoría de amigas que afirmaban no tener instinto maternal, han acabado por sentirlo más adelante, una vez cumplidos los treinta. O quizá se han quedado embarazadas porque es *lo que toca*, que por desgracia también es un comportamiento muy propio de nuestra sociedad.

—Vale —digo—, ¿y qué pasa con la gente, hombres y mujeres chinos homosexuales, que sí quieren tener hijos?

—Resulta complicadísimo. Las parejas del mismo sexo no pueden adoptar en China. Conozco historias de personas que han conseguido hacerse la fecundación *in vitro* en otros países, pero es sobre todo en las grandes ciudades más cosmopolitas, como pueden ser Macao o Hong Kong. En el interior de China esto es impensable. Yo creo que son parejas que, probablemente, hayan roto con sus familias para poder llevar una vida con alguien de su mismo sexo. Puede que no lo cuenten ni siquiera en el trabajo, por miedo a enfrentarse a un clima laboral incómodo o incluso a un despido.

—No me puedo creer que haya tanto rechazo, Mei. ¡Estamos en el siglo XXI!

—Creo que no eres consciente de la magnitud del problema, Vero. En este país es como si la homosexualidad no existiese, no se menciona nunca ni en series, ni en el cine, ni en los libros. ¡Pero si en la peli sobre Freddy Mercury, la de *Bohemian Rhapsody*, censuraron todas las escenas en las que había alguna referencia al mundo gay! ¡Quitaron hasta los primeros planos de la bragueta de Freddy! Es de locos.

Pues sí. Es de locos... Si ya resulta difícil para mucha gente salir del armario en España, donde hay libertad sexual y el matrimonio gay es legal, no me quiero imaginar lo que debe suponer en China. Deseo que sea una cuestión de tiempo. Por el momento, lo único que está en mi mano es animar a esta pobre chiquilla durante los días que voy a estar con ella en Macao.

—Venga, vamos a buscarte un buen marido gay —le propongo—. Aquí en Macao tiene que haber algún garito de ambiente, ¿no?

—¡Estás pirada! Tampoco te creas que Macao es la panacea del mundo LGTB en China, pero es cierto que hay un sitio. Y nos pilla bien porque está aquí en Taipa.

Después de caminar un ratito, llegamos a la puerta de un local que pasa bastante desapercibido. El interior está oscuro, pero las paredes están repletas de grafitis fosforitos. Hay mesas altas con taburetes y gente sentada tomando copas. Hay más público masculino que femenino. Un DJ pincha música en directo y... sorpresa: sobre una plataforma hay un gogó bailando, vestido únicamente con unos calzones de cuero negro marcando paquete y unas orejas de conejito en la cabeza. ¡Esto es Macao! La ostentación y el espectáculo están presentes en cada esquina.

—¡Vaya! No me esperaba yo esto, Mei —le digo entre risas.

—Es que es un bar para gais, pero para *chicos* gais.

—¡Fenomenal! Estamos en el sitio perfecto para encontrar a tu futuro esposo. ¿Qué te parece ése? —le pregunto señalando al gogó.

—No es mi tipo, prefiero a esa. La del peto vaquero —dice en referencia a una chica que tenemos enfrente.

—Vamos a ver, Mei. Nuestro propósito hoy es otro, más enfocado al público masculino. Y céntrate, que tú ya tienes novia —le regaño mientras bailo ligeramente al ritmo de la música.

—Tienes razón, además está a punto de llegar. Le he dicho que venga.

Una cerveza después llega su novia, Sherry. También china, más bajita que ella, de cara redonda y sonrisa infantil.

—Amor —le dice Mei a su chica—, esta es Vero, me está buscando un marido gay para casarme con él y que me sirva de tapadera. ¿Quieres que te busque uno a ti también?

—Venga, vale. Pero el mío que sea alto porque si no a mi madre no le va a gustar —responde Sherry.

—Uf, Sherry, me lo estás poniendo difícil como casamentera. Te recuerdo que la estatura media de los hombres chinos es un metro sesenta y siete... —apunto yo entre risas.

—Claro, es que eso para mí es una torre... Me basta y me sobra —contesta Sherry para después soltar una carcajada.

Han pasado dos horas y ya no me cabe ni una gota más de zumo de cebada. Tengo la tripa hinchadísima. Voy al baño y al volver me encuentro a las dos tortolitas abrazadas y dándose besos mirándose a los ojos. Creo que es mejor no interrumpir el momento, así que hago una bomba de humo, desaparezco del local y me subo en un taxi rumbo a mi hotel. Durante el camino, repaso mi conversación con Mei: resulta increíble que, a día de hoy, el simple hecho de amar libremente sea tan difícil para tanta gente.

Ya en mi habitación conecto mi móvil al wifi del hotel. El aparato comienza a emitir soniquetes sin parar para informarme de todas las notificaciones de distintos orígenes que me han llegado durante estas horas. Me voy directa a WhatsApp sin hacerles caso. Abro la conversación con mi novio, le envío un audio: «Tenemos mucha suerte, *gordi*. Te quiero».

6

ROU Y EL HOGAR

Tengo el estómago revuelto y unas ganas tremendas de vomitar. En las dos últimas horas he tenido que comer vísceras de cerdo, tofu apestoso y saliva de pájaro. Y aún me queda por probar la sopa de serpiente... «Este trabajo no está pagado», suelo decirle en broma al director del programa de televisión que presento. Se llama *Me voy a comer el mundo* y cada capítulo está grabado en un país distinto, donde me dedico a degustar los platos típicos, ya estén deliciosos o sean tan asquerosos como los que he tenido que comerme hoy. En realidad, aunque parezca que me quejo mucho, yo soy la primera que propone probar los alimentos más singulares delante de las cámaras. Por un lado, mi curiosidad insaciable me empuja a averiguar a qué saben, por otro, sé que a los espectadores les gustará verlo. Y, por lo visto, algunas de las rarezas que estoy comiendo aquí, en Hong Kong, tienen muchas propiedades beneficiosas o, al menos, eso dice mi anfitriona. Se llama Rou, es china y ejerce de nuestra guía en este tour de comida exótica por su ciudad.

—Según la medicina tradicional china, la primera medida para no enfermar nunca es cuidar la nutrición —me explica entre secuencia y secuencia—. Y, en caso de enfermar, los antibióticos a los que hay que recurrir son los propios alimentos, nunca a los fármacos. Nosotros creemos que muchos alimentos tienen poder terapéutico.

—Dime, por favor, que la saliva de pájaro que acabo de tomarme tenía algún beneficio, porque no sabes lo poco que me apetecía probarla —contesto con algo de dramatismo—. Eso sí, reconozco que no es tan asquerosa como pensaba. ¡No sabe a nada!

—En realidad, la saliva de pájaro no cura ninguna patología, pero dicen que tiene efecto antienvejecimiento porque aporta mucho colágeno —asegura Rou.

—¡Anda! Mira qué bien. Voy a volver a España con un cutis tan maravilloso como el tuyo.

A pesar de la broma, cada vez que vengo a este continente me sorprendo con el estado de la piel de los asiáticos: siempre tersa, jugosa y sin rastro de arrugas. En el caso de Rou, es lógico que así sea porque solo tiene veintitrés años. Físicamente, Rou es baja de estatura, como yo, tiene la cara redondita, la nariz achatada como la de un koala y los ojos rasgados y juntos. Viste con vaqueros oscuros y una camiseta blanca de algodón, sin llamar la atención. Además, habla español con fluidez porque lo está aprendiendo en la universidad, donde estudia Magisterio. Me hace gracia su expresividad al hablar, tanto por su forma de gesticular como por la entonación que da a sus frases.

—Uno de los platos que cura todos los males es la sopa de serpiente. Te voy a llevar a que la pruebes. ¡Vas a alucinar con el sitio! Se dice así, ¿no? *Alucinar* —me pregunta inclinando la cabeza hacia un lado.

—Sí. Lo has dicho perfectamente. ¿Y por qué voy a alucinar?

—Tienen las serpientes vivas allí mismo —dice entusiasmada.

Mis compañeros y yo nos miramos con complicidad pensando en lo potente que puede resultar en pantalla.

Intrigados, seguimos a Rou por las calles de Sham Shui Po, para mí el barrio más auténtico de Hong Kong. Se trata de un antiguo pueblo de pescadores donde aún hoy en día el inglés no sirve para nada y nadie te entiende a menos que hables chino o cantonés. Además, cuenta con una arquitectura muy particular, sin grandes avenidas, gran parte del asfalto de las calles está ocupado por numerosos puestos donde se vende ropa, comida, aparatos electrónicos, productos cosméticos, etc. Por encima de los toldos de los puestos, a las puertas de los altos edificios que enmarcan la calle, sobresalen letreros blancos y rojos con enormes caracteres chinos. También llaman mi atención las fachadas repletas de diminutos balcones que, pegados unos a otros, parecen intentar abrirse un hueco entre las cajas de aire acondicionado. El conjunto resulta un tanto asfixiante, lo observo con detenimiento y, a continuación, bajo la vista para fijarme en los peatones que se cruzan conmigo. Mi equipo y yo somos los únicos occidentales que he visto por la zona. Me vienen a la cabeza esas personas para quienes el capitalismo está acabando con la identidad de las distintas ciudades del mundo y me digo a mí misma que les vendría bien salir de Europa y ver lugares como Hong Kong, capitalista a más no poder.

Siguiendo a Rou llegamos hasta la entrada de un local con un cartel rojo escrito en chino pero que contiene una serpiente dibujada al lado de las letras.

—¡Míralas, ahí las tienes! —grita Rou señalando al escaparate, donde hay varios ejemplares de distintas especies de este reptil expuestos.

—Rou, dime la verdad. Esto no es un restaurante: ¡es un zoo!

—Te va a encantar, ven.

Rou me coge de la mano y me arrastra hacia el interior. La mayoría de los comensales pasa de los cincuenta años, muchos incluso son septuagenarios u octogenarios. En medio de la sala hay un mueble alto que llega hasta el techo. Es de madera oscura y está lleno de cajones, me recuerda a un archivador de oficina de los años setenta, la cocina está al fondo.

—En esos cajones están las serpientes, puedes seleccionar la que más te guste. ¡Es muy divertido! —Rou alza la mano para llamar a una señora que parece trabajar en el sitio—. Ella es la dueña y te las va a enseñar para que escojas la que te vas a comer.

—Rou —digo con una mezcla de excitación y congoja—, ¿me estás diciendo que ese mueble está lleno de serpientes vivas? ¡Pero qué miedo!

Si eliminamos las barreras culturales, este local tiene un funcionamiento idéntico al de las marisquerías en España. En este local, en vez de seleccionar el centollo o el bogavante de los disponibles en el acuario, la dueña irá abriendo para nosotros los cajones hasta dar con la serpiente perfecta.

De repente, con mucha parafernalia, la dueña saca de su bolsillo un pesado juego de llaves, abre uno de los cajones y saca una serpiente. La posa en su antebrazo y empieza a acariciarla. A la señora le gustan las cámaras y se nota.

—¡Ah! —exclamo yo como una loca —. ¿Qué hace esta mujer? Rápido, chicos, grabadlo todo.

—Dice que es su mascota, es muy buena —traduce Rou.

—Ya, su mascota. Igualita que un gato —digo.

—¡Sí, igual que un gato! ¿Quieres cogerla tú también? —me ofrece Rou.

—¡Uf, qué *yuyu*!

Dudo, pero al final me animo. Digo yo que esta mujer sabrá lo que hace.

—Venga, vale, dámela, pero despacito —digo mientras abro mis manos con las palmas hacia arriba para acomodar al bicho—. ¡Ay, ay! ¡Es suave! Mira cómo saca la lengua, ¿seguro que esto no pica?

—Que no. Entonces, ¿esta es la que te quieres comer? Eso, si no te come ella a ti antes —se ríe Rou.

—Casi mejor no saber cuál me voy a comer, que la dueña me ponga la que ella quiera.

Aunque el local está lleno, encontramos una mesa libre. Creo que en este restaurante se sirve un único plato, porque todos los que nos rodean están comiendo lo mismo que van a traernos a nosotras en breves instantes.

—Convénceme, Rou. ¿Por qué he de probar esta sopa? ¿Qué bondades tiene la serpiente según la medicina tradicional china? —le pregunto una vez que mis compañeros me confirman que siguen grabando.

—Verás —comienza—, la sopa de serpiente es un plato que acostumbramos a tomar en invierno, porque mejora la circulación y permite entrar en calor. También elimina el cansancio, los síntomas del reuma y los dolores de espalda.

—Ah, ya entiendo por qué hay tanto abuelito en este sitio. A mí también me va a venir muy bien, que tengo la espalda hecha un ocho después de tantas horas de vuelo para llegar hasta aquí. ¡Mira, ya nos la traen! —le anuncio al ver a la dueña acercarse.

Viene con dos boles de plástico y dos cucharas planas, de esas que no pueden ser más ortopédicas para el paladar.

Remuevo la sopa para valorar su textura: es viscosa y realmente densa. Está llena de tropezones de carne de la serpiente deshilachada. No me parece muy apetecible, la pruebo arrugando la nariz con cierto rechazo.

—Tiene mucho gusto a jengibre —digo—, pero no aprecio mucho sabor en la carne de serpiente. Al estar calentita resulta reconfortante. No está nada mala.

—¿Lo ves? Y encima vas a salir de aquí con la espalda como nueva —me garantiza Rou.

—Chicos, ¿queréis un poquito? —Mi ofrecimiento a mis compañeros es en broma, sé perfectamente que no van a atreverse—. ¡Cobardes, que sois unos cobardes!

Estoy muy satisfecha con todo lo que hemos grabado, pero aún queda lo mejor. En los programas que hacemos por todo el mundo, siempre me gusta incluir un par de secuencias filmadas en casas particulares de gente autóctona. Se trata de personas generosas que me permiten entrar hasta la cocina, donde me preparan un plato tradicional. Más allá de la propia comida, me interesa conocer cómo se relacionan los habitantes de ese país con la alimentación, qué costumbres tienen en su día a día, cómo viven y cómo son sus hogares. Este último aspecto es particularmente sugerente en Hong Kong al tratarse de una de las áreas más densamente pobladas del planeta, lo que tiene su consecuencia en la tipología de las viviendas. Hoy vamos a conocer la casa de Rou.

Para llegar hasta allí, pasamos por el bullicioso distrito de Mong Kok. El tránsito de peatones es tal que, para aligerarlo, hay una serie de galerías y pasos elevados para circular por encima de la calle. Algunos tramos son de escaleras mecánicas o, para ser más exacta, interminables pasarelas como las que hay en el metro de las grandes ciudades o en los aeropuertos. Una de ellas, que tomamos parcialmente para llegar a casa de Rou, es la más extensa del mundo: mide un kilómetro y su recorrido de principio a fin dura veinte minutos. Nos detenemos delante de un alto edificio de color gris.

—¡Bienvenidos! —nos dice nuestra anfitriona en el portal.

Subimos en el ascensor hasta el tercer piso. Salimos a un pasillo corto y estrecho repleto de puertas muy próximas entre sí. Entre ellas, la distancia no supera el metro. Rou saca las llaves, abre una de las puertas y nos invita a pasar. Tenemos que hacerlo por turnos porque de pie no caben más de dos personas, menos aún con las cámaras. Me indica que su casa mide unos quince metros cuadrados.

—Hay poco que enseñar, ya lo veis vosotros mismos desde la entrada.

La vivienda consta de una única habitación, aparte de un baño minúsculo con ducha, lavabo y váter. En una de las paredes hay una pequeña cocina con un único fogón que parece de juguete, pero que cuenta con su correspondiente extractor de humo y su fregadero al lado. También tiene lavadora. La nevera, de tamaño reducido, está justo encima, en uno de los compartimentos del mueble de madera donde guarda el menaje. Pegada a la pared hay una tele de plasma. No veo ningún armario; la ropa está en perchas colgadas de una barra que hay en el techo. Esto le da un aspecto un poco desordenado, pero el resto de la habitación está perfectamente colocada. Para mi sorpresa, me percato de que en este espacio tan reducido no hay solo una cama, sino dos. Son individuales y están prácticamente pegadas, porque no hay otro modo de que quepan.

—Rou, ¿vives con alguien más?

—Sí, la otra cama es de mi compañera de piso —dice, y suelta una risita—. Pensaréis que vaya horror esto de vivir en un sitio tan pequeño, ¡pero no está tan mal!

—¡Pues cualquiera lo diría, Rou!

Quince metros cuadrados para dos personas. ¡Imagínate un confinamiento aquí! Afortunadamente, en Hong Kong no fue obligatorio el aislamiento domiciliario durante la incidencia de la COVID-19. Podían salir a la calle siempre y cuando limitaran sus contactos. Pese a todo, el piso no tiene una apariencia decadente. Su extensión es muy reducida, pero está bien aprovechado y contiene todo lo necesario para vivir. Este tipo de piso es lo que aquí se denomina un *nanoapartamento,* muy habitual en esta ciudad. Cuando son aún más pequeños y solo tienen espacio para una cama y nada más, reciben el nombre de *jaula* o *ataúd.* En 2019, el 13% de los apartamentos que se vendieron en Hong Kong tenían menos de veinticuatro metros cuadrados. Si se construyen, se venden y se alquilan pisos tan diminutos, es porque Hong Kong tiene el mercado de la vivienda más caro del mundo, con precios superiores a los de Vancouver, Sídney o Los Ángeles. El precio del alquiler es el doble del de Londres y comprarse un piso es cuatro veces más caro que en Nueva York.

—Rou, tú estás aquí de alquiler, entiendo. ¿Puedo preguntarte cuánto pagáis tu amiga y tú?

—Ocho mil novecientos dólares de Hong Kong, que es un poco más de novecientos euros entre las dos.

¡Guau! Cuatrocientos cincuenta euros por vivir con otra persona en un mismo cuarto, que encima solo tiene quince metros cuadrados. En Madrid, y ya se considera caro, es lo que se paga por una habitación individual en un piso el cuádruple de grande.

El elevado coste de la vivienda tiene que ver, en parte, con la disposición geográfica de la ciudad. Hong Kong está constituido por una península y 236 islas, todas ellas con una orografía muy abrupta, con pronunciadas colinas que complican la construcción. Solo la cuarta parte de la superficie de Hong Kong es zona edificada. La mayor densidad de población se concentra en sólo el 3,75% del territorio. Algunos de esos cerros, no obstante, están coronados por casas de lujo con vistas increíbles que unos cuantos millonarios usan como residencia o como inversión. Sus precios son inalcanzables para la mayoría de los hongkoneses, que para comprar una casa de menos de cincuenta metros cuadrados tendrían que ahorrar su sueldo completo durante una media de veinte años.

Es un problema que afecta a la población más pobre, a los estudiantes y a los jóvenes en general. De hecho, aunque las protestas universitarias que se repiten en Hong Kong cada cierto tiempo tienen un poso político, el germen de las mismas es la incertidumbre con respecto al futuro, derivada de la situación inmobiliaria. Y es que no todos pueden permitirse, como Rou, irse del nido materno.

—La mayoría de mis amigos hongkoneses —me cuenta— siguen viviendo con sus padres y durmiendo con sus hermanos en las mismas literas que hace veinte años. Te hablo de gente que tiene veintiocho, treinta y dos o incluso treinta y seis años.

—Qué difícil. ¿Y cómo se lleva esto en el terreno amoroso? —le pregunto yo—. Es decir, ¿cómo hace alguien que quiere estar a solas con su pareja, pero vive con sus padres y comparte habitación con su hermana?

—Pues si hay suerte, uno de los dos vive solo y de vez en cuando tienen sus ratitos. Y si no, para eso están los *hourly hotels*, que en Hong Kong son muy populares —dice con una sonrisa picarona.

—¿Te refieres a los hoteles por horas?

—Sí, ¡esos que salen en las pelis! Tenemos muchos, y se utilizan exactamente para eso, para intimar.

—Y lo de irse a vivir con la pareja, inviable, claro —digo—. Supongo que aquí os casaréis bastante tarde.

—Sí, antes la edad más común eran los treinta años. Ahora es incluso después —dice mientras se sube descalza a la cama para coger una olla de una estantería que le queda muy alta. De repente, cruje algo bajo sus pies—. ¡Mierda! ¡Estoy aplastando los fideos!

Mis compañeros, que se han sentado en la otra cama para poder filmar, me miran extrañados. Creo que se están preguntando lo mismo que yo: ¿por qué esta chica tiene fideos en el colchón? Rou baja corriendo al suelo y levanta el edredón, descubriendo una cantidad enorme de alimentos: galletas, patatas, frutos secos y los fideos de arroz alargados que ha hecho añicos al pisar.

—Este es mi escondite secreto para guardar la comida. —Y se ríe—. ¡Como no me cabe en ningún otro lugar de la casa...!

Lo cuenta de forma risueña, sin ninguna pena ni autocompasión.

—Claro, esto es como tu despensa —digo—. Imagino que a la hora de dormir lo quitas de ahí.

—¡No, qué va! Es que no tengo dónde ponerla. Pero no me molesta, ya estoy acostumbrada. —Se encoge de hombros, mientras yo pienso en lo optimista que es esta chica—. Te iba a cocinar estos fideos con algunas verduras. ¿Te importa que estén rotos?

—Uy, para nada. Después de las porquerías que hemos probado esta mañana, cualquier cosa me va a saber a gloria —respondo, procurando ser educada.

Solo me faltaba quejarme, encima de que nos deja entrar con cámaras en su casa.

—Oye, Rou, ¿no es un poco incómodo vivir en este cubículo?

—La verdad es que no es algo que me moleste. Mi casita me parece confortable, acogedora y, además, hay poco que limpiar. Tengo todo lo esencial: nevera, baño, cama. Para mí es suficiente, esta experiencia me enseña a valorar qué es lo verdaderamente importante. ¡Hay tantas cosas que no necesitamos! Yo no requiero poseer un coche o una casa para ser feliz. Lo único malo de este piso es que no tengo hueco para extender mi colchoneta de yoga. Pero aquí tenemos muy buenos parques para hacer ejercicio.

Vaya lección de minimalismo me está dando esta jovenzuela. El discurso ya está muy manido, pero dicho por ella cobra todo su sentido. No son palabras en el aire, como las de la mayoría de la gente que se apunta a ese tipo de alegato antimaterialista. A Rou las circunstancias le han demostrado que puede vivir con muy poco. Evidentemente, si pudiera disponer de una despensa propiamente dicha, la tendría. Pero dudo que esta hongkonesa llegue a tener nunca grandes posesiones. No obstante, me quedan algunas preguntas que plantearle mientras ella prepara las verduras al vapor:

—¿Y tampoco te molesta tener que compartir un lugar tan pequeño con otra persona?

—No paso mucho tiempo en casa. Vivir en Hong Kong es como hacerse un viaje cada día. Aquí te levantas con ganas de explorar: de repente descubres un restaurante con más de cien años de antigüedad, o te pones a charlar en el parque con un extranjero que acaba de mudarse a la ciudad, o te haces una nueva ruta de *trekking* durante el fin de semana. También tenemos la playa, claro. Toma, ayúdame. —Me da una bandeja con patas plegables—. Ponla ahí, encima de la cama.

Hago lo que me dice, ella se acerca con dos cuencos de comida. Nos sentamos en la cama con las piernas cruzadas, cada una a un lado de la bandeja.

—Fideos de arroz *rotos* con setas chinas y brócoli, ¿verdad? —digo.

Muevo el interior del cuenco en busca de algo más. No lleva ni salsa de soja. Por lo que veo, el minimalismo que impera en su vida también lo aplica a la cocina.

—Sí —dice—, admito que no soy muy experta en los fogones, pero tampoco te creas que aquí se pueden cocinar platos muy elaborados. Las casas de Hong Kong tienen cocinas tan pequeñas que acostumbramos a comer fuera muy a menudo.

Tanto es así, que la mitad de los hongkoneses almuerza fuera de casa al menos cinco días a la semana. El 30% desayuna fuera todos los días laborables. Lo bueno es que nunca se aburren, porque las opciones son infinitas: en una ciudad tan cosmopolita hay restaurantes de todas las procedencias, aparte de los muchísimos puestos callejeros donde puedes pedir algo para llevar o comértelo ahí mismo, de pie.

Terminamos la secuencia y no tenemos nada que grabar hasta la noche. Los miembros del equipo optan por irse a descansar al hotel. Yo le pido a Rou que me lleve a algún sitio que le guste para seguir charlando con ella. Nos subimos a un tranvía rojo de dos pisos que recuerda a los autobuses de Londres. Hong Kong fue colonia británica entre 1841 y 1997. Esa influencia todavía se aprecia en muchos detalles como este. Ahora que ya no hay cámaras, aprovecho el trayecto para indagar un poco más.

—Rou, si no es indiscreción, ¿cómo es que tú, a diferencia de tus amigos, no vives con tus padres?

—Mi situación es especial: mis padres tuvieron que emigrar de Hong Kong por trabajo. Podría haberme marchado con ellos, pero yo quería quedarme aquí a estudiar. Así que encontré este piso de alquiler y ellos me ayudan a pagarlo, algo que no aceptarían muchos chinos de mi edad.

—¿No aceptarían el respaldo económico de sus padres? ¿Y eso?

—Tenemos un dicho en cantonés —comienza— que habla de alcanzar el éxito por mérito de tu padre. Es decir, si uno tiene dinero de familia, normalmente no hace uso de él porque se considera un camino demasiado fácil. Esta idea ha llevado a mi generación a padecer un estrés demencial, porque hemos crecido pensando que íbamos a tener tantos recursos como nuestros padres, y no es así. A ellos les tocó vivir una época dorada que coincidió con el *boom* económico de China. —Señala los rascacielos a través de la ventana del tranvía—. Los jóvenes de hoy en día, sin embargo, tenemos poco dinero y muchos caprichos que solo podemos satisfacer con la ayuda económica de nuestros padres.

—Sí, eso me suena. Algo parecido nos pasa a los *millenials* en España. Somos una generación de frustrados y vamos a vivir mucho peor que nuestros progenitores. Pero dime, ¿tú te sientes cómoda aceptando que tus padres te ayuden a pagar el apartamento?

—Yo estoy muy agradecida y tengo la firme intención de devolverles el dinero que están invirtiendo en mí dentro de algunos años. Hasta hace poco aceptar su dinero me generaba un gran conflicto interno, ahora creo que es una buena decisión. Si tu familia tiene recursos, lo más inteligente es hacer un buen uso de ellos para formarte profesionalmente y aportar algo a la sociedad con tu trabajo.

—¿Y qué es eso que quieres aportar tú?

—Lo vas a ver enseguida.

Bajamos del tranvía y nos ponemos a caminar. Le pregunto adónde me lleva, pero ella prefiere mantener la sorpresa. Aunque la sigo de cerca, casi la pierdo en un par de ocasiones al ser engullida por la muchedumbre que ocupa la acera. En un momento dado decido agarrarla de la mano para no separarme de ella.

—¡Ya hemos llegado! —dice.

El paseo no ha durado más de diez minutos.

—Me has traído a un... ¿un colegio? ¿Esto es un colegio?

Hay un jardincito con columpios y dos toboganes bajos, también una ventana llena de dibujos que parecen pintados por niños pequeños.

—¡Sí! Es una guardería. Aquí es donde estoy haciendo mis prácticas de maestra. Ven, voy a enseñarte a mis niños. —Tira de mí y entramos en una de las aulas.

Aún no entiendo por qué estamos aquí, pero yo le sigo el rollo. Entramos en una habitación pintada de naranja donde encontramos a diez críos preciosos de unos tres o cuatro años y a una profesora cuidando de ellos. Rou se dirige a ella en cantonés, solo entiendo que ha pronunciado mi nombre. Supongo que me estará presentando, así que sonrío, la saludo diciendo *nei ho ma*, que significa *hola* en cantonés y vuelvo a quedarme callada. Rou me invita a sentarme en las colchonetas que hay en el suelo junto a los niños. Yo estoy encantada, ¡son tan monos! Cojo a uno de ellos y me pongo a jugar con él, lo alzo hacia el techo una y otra vez hasta provocar su carcajada.

—Esto es de lo que te hablaba, Vero. Yo he aprovechado los recursos de mis padres para poder estudiar Magisterio y crear valor a través de la educación. —Hace una carantoña al enano que tiene entre los brazos—. Ser becaria en esta guardería es el primer paso. Cuando tenga experiencia, quiero ser profesora de secundaria, y mi sueño a largo plazo es fundar mi propia escuela. De esa forma podré ser valiosa para la humanidad, apoyando a mis alumnos para que alcancen las metas que se propongan.

—¡Qué profunda te pones, Rou!

—Creo que te cuesta entenderlo por el choque cultural —replica ella—. En occidente tenéis objetivos vitales muy individualistas. En cambio, en China solemos plantearnos la siguiente pregunta: ¿qué cualidades tengo yo que puedan contribuir a mejorar la vida de los demás? En mi caso, lo tengo claro.

—Me encanta cómo piensas. Es verdad que me suena un poco romántico porque, como bien dices, desgraciadamente esa mentalidad difiere mucho de la predominante en occidente, donde, con frecuencia, las aspiraciones tienen que ver con la ambición profesional, la fama y, por supuesto, el dinero.

—Eso es precisamente de lo que hablo. Hay gente para quien el éxito es poder comprarse un Lamborghini o una casa enorme. Para mí, el éxito es que haya diez personas a las que yo haya ayudado a tener una vida mejor. Verás —hace una pausa para reflexionar—, yo pienso mucho en mi funeral. Cuando llegue el momento, no espero que los asistentes digan «Rou era alguien con mucho dinero, que tenía una casa grande y un coche de lujo». Lo que quiero que digan es «Rou me inspiró y me empujó a ser una mejor persona en este mundo». Esa es mi meta.

¡Mierda! Yo no hago que la gente sea mejor. ¿Qué aporto yo a la sociedad? Veamos. Mi cualidad es que sé comunicar. Y la utilizo para hacer programas de tele que entretienen a la gente y... y algo se aprenderá viéndolos, digo yo. He sido voluntaria en un par de oenegés, también colaboro con una aportación mensual a varias fundaciones. Y así podría seguir durante muchas páginas, buscando excusas hasta hacerme creer a mí misma que el origen de mis acciones tiene una misión social. Pero, en el fondo, creo que pocas veces trabajo pensando en el bien que generaré a los demás. Y me atrevo a decir que poca gente lo hace. Tomamos decisiones laborales motivados por lo que nos divierte, lo que nos abre puertas, lo que nos hará ascender, o lo que nos traerá dinero. Y aquí a mi lado tengo a una mujer increíble a quien el patrimonio le da exactamente igual, que vive a gusto en un *nanoapartamento* y que quiere educar a la gente para ser mejor persona.

—Pues Rou, no hace falta que llegue el día de tu funeral. Ya te lo digo yo ahora: Después de hablar contigo, me has inspirado y ahora *yo* quiero ser mejor persona.

7

YAYOI Y LA VEJEZ

TOKIO, 2015

—¿Dices que si me como este *sashimi* puedo morir? —pregunto intrigada a Yayoi, mi nueva amiga japonesa, que es intérprete profesional de español. Ella se ríe antes de contestarme:

—En teoría sí, pero no creo que te pase nada. Es *sashimi* de pez globo o pez *fugu*, como lo llamamos aquí en Japón. Alberga un veneno en sus órganos internos que puede resultar tóxico para el ser humano.

Las dudas me asaltan: ¿lo pruebo o no lo pruebo?

Miro a mi alrededor para ganar tiempo y me topo con las caras divertidas y expectantes de una decena de parroquianos tokiotas que me observan desde sus asientos en el suelo. Se lo tienen que estar pasando pipa. Es probable que nunca hayan visto a una occidental en su taberna de cabecera. Y mucho menos coqueteando con la idea de probar un pescado que, aunque ellos comen con frecuencia, puede provocar la muerte.

—Venga, que no te va a pasar nada —me anima Yayoi—. Para poder manipular el pez *fugu*, es necesario aprobar un curso especial para aprender a extraer la parte tóxica del pescado sin dejar ninguna traza. Y este cocinero que tienes delante está titulado. Así que paladéalo y disfruta. A nosotros nos apasiona.

Si me lo dice Yayoi, me fío de ella. Hace pocos días que la conozco, pero desde el principio ha habido una fuerte química entre nosotras. Hemos conectado muy bien a pesar de nuestra diferencia de edad. Ella tiene setenta años, y aun así viste con un estilo de lo más juvenil. Lleva puesto un kimono de lana rosa, unos vaqueros blancos y unas zapatillas deportivas del mismo color. Su corte de pelo es con flequillo y con una melena recta cortada a la altura de la barbilla, en la que afloran las canas del que debió de ser un cabello negro y fuerte. Tiene más o menos mi estatura, poco más de metro sesenta. Su complexión delgada y fuerte va en consonancia con la vitalidad que derrocha. Me transmite paz y seguridad, habla con sosiego y dulzura, pero le imprime carácter a cada palabra que pronuncia en un español perfecto excepto por su deje en las erres, que no hace sino añadirle encanto.

—Venga, vale. Voy a probarlo.

Será una experiencia más para mi mochila.

Solo encontrarme en este local de las afueras de Tokio ya es una suerte: es el sitio más genuino con el que me he topado en la ciudad. Una taberna diminuta, con las paredes forradas de menús de papel escritos en caracteres japoneses y el suelo repleto de pequeñas mesas de madera de unos cuarenta centímetros de alto.

Cojo un trozo de pez globo con los palillos. Lo observo con atención antes de comerlo. Es tan largo como mi dedo pulgar, de color blanquecino, casi transparente por el corte tan fino que tiene. ¡Qué nervios! ¿Moriré de repente? ¿O quizá en unas horas? Siento una mezcla de miedo y adrenalina. ¡Uf! Respiro hondo y decido introducir el *fugu* en mi boca. Primero noto una pequeña sensación eléctrica, algo sutil, nada desagradable. Luego valoro la textura, que no acaba de gustarme por ser un tanto gomosa. Tampoco aprecio ningún sabor. Los japoneses, como comen pescado crudo a menudo, tienen el paladar entrenado, con lo que son capaces de captar matices que a nosotros nos pasan desapercibidos. Me pongo la mano en el corazón. Bien; sigue palpitando.

Cuando me quiero dar cuenta, me encuentro a Yayoi junto con todos los clientes del bar alzando sus cervezas en dirección a mí y brindando al unísono. ¡Qué gente más animada!

—¡Campai! —dice Yayoi—. Así es como decimos *salud* aquí, Verónica. Enhorabuena, ¡eres una valiente! ¿Te ha gustado el *fugu*?

Le digo que sí me ha gustado para que no se lleve una decepción, pero la verdad es que no le veo la gracia al *fugu* por ningún lado. Por este pescado insípido no vuelvo a jugarme la vida.

Eso sí, nunca olvidaré la taberna *Ajitome* en el barrio de Setagaya, que es una de las preferidas de Yayoi. Conoce a todos los clientes habituales. A los de este bar y a los de todos los bares del barrio. Me deja alucinada la vida social tan intensa que tiene a su edad. Su marido y ella quedan con amigos al menos cuatro noches por semana para salir a cenar fuera o para cocinar en casa.

—Esta noche tenemos cenita en casa con amigos. ¡Estás invitada! Voy a hacer tempura con las verduras que cultivo en mi huerto urbano. Tengo nabo, berenjena, patata... —dice orgullosa.

—¡Anda! ¿Tienes un huerto? ¡Qué suerte!

—Sí, es un huerto urbano. El ayuntamiento me cede una parcelita para explotarla. Voy hasta allí un par de veces en semana para quitar las malas hierbas, regar, plantar y recoger las hortalizas que ya han crecido. Y como está a veinte minutos en bici de mi casa, aprovecho y me doy un paseíto.

—¿Y no te cansas?

—No, me viene muy bien moverme. Yo sin mi bici no puedo vivir. Y también hago senderismo porque me encanta caminar. Me voy al monte y puedo estar andando un día entero. Parando a menudo, claro.

El senderismo, el trabajo en el huerto, los cuarenta minutos de bici para ir y volver, la agitada vida social que tiene... No conozco a mucha gente en España que lleve este ritmo a los setenta años. ¿Es Yayoi o es esta la tónica habitual entre los japoneses de su edad?

Está claro que Yayoi es un caso particular. Cursó la carrera de Historia Española y con veintipocos años, allá por 1973, se trasladó a vivir un tiempo a Madrid para estudiar en la Universidad Complutense. Recibió una beca del gobierno español para asistir a un curso de Filosofía y Letras e Historia Contemporánea de España. Cuando me lo cuenta no doy crédito.

—¿De verdad, Yayoi? Eres una caja de sorpresas. ¡Una japonesa en la Complu en época franquista! ¡Qué experiencia! ¿Cómo lo viviste?

—Lo cierto es que me integré enseguida. —Hace una pausa para masticar un pedazo de pez globo—. Me encantaba el ambiente progre de la cafetería, hice muchos amigos españoles que mantengo a día de hoy. A menudo nos íbamos al campo y, a escondidas, tocábamos la guitarra y cantábamos canciones protesta. En la universidad había muchos movimientos estudiantiles y mucha policía. En una ocasión, me entraron ganas de participar en una manifestación y mis compañeros españoles me dijeron que era mejor que no lo hiciera, porque además yo estaba becada por el propio régimen. ¡Imagínate el riesgo!

Pero no les hice caso y salí a la calle con pancartas. Recuerdo que tuve que correr muchísimo porque los grises empezaron a perseguirnos. ¡Qué tiempos!

Me admira esa capacidad de mimetizarse, integrarse y enriquecerse con experiencias únicas y diferentes a las de sus raíces. Eso es, precisamente, lo que intento en cada uno de mis viajes: absorber la cultura de la gente del lugar, tal y como estoy haciendo ahora friendo a preguntas a mi interlocutora nipona.

—Qué vivencias, Yayoi. Y ya se ve que a tus setenta años sigues siendo igual de inquieta y activa. ¡Eres única!

—No creo que sea solo cosa mía. Aquí, en Japón, todos los mayores tenemos mucha actividad —asegura ella—. Varios de mis amigos siguen trabajando con más de setenta años. Algunos reformulan sus contratos para ir solo tres días a la semana; otros optan por la media jornada.

Al parecer, aunque la edad oficial de jubilación en Japón son los sesenta y cinco años, muchos trabajadores deciden mantener su empleo cuando llegan a esa edad. Durante la última década, el 70% de las compañías ha extendido la edad de jubilación para fomentar una mayor tasa de empleo entre los trabajadores *senior*. En el caso de Yayoi, que ha sido intérprete *freelance*, sigue haciendo alguna traducción de vez en cuando.

—Y si sigues trabajando pasados los sesenta y cinco años, ¿cobras también la pensión? —le pregunto yo, justo antes de comer un poco de arroz que hay al lado del pez *fugu*.

—Eso es. Antes de esa edad no, pero a partir de los sesenta y cinco te pagan tu sueldo y la pensión. Como aquí las prestaciones por jubilación son bajísimas, mucha gente alarga su vida laboral para poder ahorrar, aunque sea trabajando menos horas y cobrando el 50 o el 60% de lo que ganaban antes. —Hace una pausa para darle un trago a su cerveza—. Y además del dinero, si con setenta años todavía puedes desarrollar tu labor y disfrutas con ella, ¿por qué vas a dejarlo?

Pues tiene toda la razón. Lo mejor de todo es que, una vez terminada su etapa profesional, los japoneses siguen sintiéndose útiles y capaces de seguir aportando a la sociedad.

—Cuando nos jubilamos, en Japón solemos decir que empieza nuestra nueva vida, y hacemos todo lo que no hemos podido hacer cuando trabajábamos. Es habitual, por ejemplo, aprender a tocar un instrumento o incluso un idioma nuevo. Es difícil, ¿eh? Pero se hace, ¡y es divertido! —dice Yayoi.

Creo que esta filosofía va de la mano del estilo de vida japonés. En este país es común trabajar en la misma empresa durante cuarenta años. Llegan como becarios con el objetivo de ascender hasta lo más alto, por lo que se dejan la piel y hacen jornadas eternas. De ahí que conciban la jubilación como una liberación. Y a mí me fascina esta idea: la vejez no es una losa, ¡es una oportunidad! Me lo apunto para cuando llegue a vieja. Siempre habrá algo nuevo que quiera aprender, ¿no? En Japón suelen apuntarse por primera vez en su vida a cursos de canto o de baile, de costura, a clases grupales de gimnasia, de golf o incluso de tenis, que requiere un gran esfuerzo físico a cualquier edad. La natación, por otro lado, está considerado como el deporte más completo para la tercera edad y lo practican muchos japoneses mayores, sobre todo mujeres.

—Las mujeres hacen más cosas, en general, porque los hombres son muy aburridos. Al haber estado toda su vida laboral en la misma compañía, cuando se jubilan ya no saben qué otra cosa hacer, no tienen recursos para distraerse. Y como las mujeres son más activas, se aburren en casa con sus maridos y se apuntan a cursos para salir y pasarlo bien. Nosotras, al retirarnos, lo que queremos es gozar de nuestra nueva etapa. Yo tengo suerte en ese aspecto, mi marido y yo estamos muy unidos y hacemos muchas cosas juntos. Venga, que te lo voy a presentar —y pide la cuenta.

Tras un pequeño paseo por su barrio, llegamos a su casa. Me invita a quitarme los zapatos en la entrada: es una cuestión de higiene y una condición indispensable para entrar en cualquier hogar de Japón. Para que no ande descalza, Yayoi me presta unas zapatillas blancas de hotel que no pegan ni con cola con mi vestido y mis medias tupidas negras. Feísima pero muy cómoda, me dispongo a recorrer los pasillos del chalet guiada por mi anfitriona.

—Oye, Yayoi. ¿En tu casa no hay puertas? —le pregunto, al haber caminado varios metros sin rastro de ninguna.

—¡Ja, ja, ja! Claro que sí, Verónica. Lo que pasa es que no las ves porque son deslizantes. Mira —dice mientras tira de una puerta corredera que abre paso al salón.

—¡Es como en los dibujos animados que veía de pequeña!

Al otro lado de la puerta aparece Minoru, su marido. Llega sonriente, con una mirada despierta y el gesto cálido. Es delgado y fibroso. Al igual que Yayoi, no tiene prácticamente ni una arruga en la cara. Dicen que el maravilloso cutis de los japoneses se debe a la genética, a la dieta saludable y a la elevada humedad del país por su condición de isla. Me acerco a Minoru y le saludo haciendo una reverencia a una distancia prudencial de metro y medio, tal y como marca el protocolo nipón. Acercarme más resultaría impertinente.

—Mi esposo es maestro de taichí, un arte marcial de origen chino que mezcla movimiento y meditación. Da clases todos los días y yo asisto como una alumna más —me cuenta en español, para luego traducirle a su marido nuestra conversación.

—Anda, yo hago yoga. ¿Es parecido? ¿Creéis que sabría hacer taichí? —les pregunto, sacando a la luz mi curiosidad por todo lo que sean nuevos hobbies.

—Bueno, no tiene mucho que ver. Pero puedes aprender. Todos los veranos hacemos un viaje de un mes a Europa para impartir cursos. Siempre hacemos una parada en España para ver a mis amigos. El año que viene, si quieres, te puedes apuntar.

Pues no te digo yo que no. Se nota que Yayoi y Minoru han sido, y siguen siendo, una pareja muy bohemia y moderna. Sin embargo, como en todas las casas japonesas de su generación, es la mujer quien se ocupa de la cocina. Yayoi saca una a una las verduras de su huerto, que aún rezuman olor a tierra húmeda. Batata, pimiento, calabaza, raíz de loto, berenjena. Me coloca un delantal y comenzamos a elaborar la receta de la tempura.

—Mira, hazlo como yo. Las redondas las cortas en rodajas finas, y las alargadas, en bastones —me indica, didáctica.

—Yayoi, ¿siempre lo haces todo tú sola? ¿O cuentas con alguien que te ayude a preparar la comida y a limpiar la casa?

—Lo hacemos todo mi marido y yo. Aquí, en Japón, a diferencia de España, no hay costumbre de tener servicio de limpieza en casa, ni siquiera al llegar a viejo, a menos que una persona esté impedida. Así que somos nosotros mismos los que nos encargamos de las tareas del hogar —me cuenta al tiempo que sigue cortando hortalizas—. Yo cocino y Minoru friega los platos y pone lavadoras. Los japoneses suelen mantener sus casas impecables porque en general son muy pequeñas, pero la mía es muy grande y reconozco que no la barremos todos los días. —Suelta una carcajada.

Esta actitud tiene mucho que ver con el concepto nipón de *meiwaku*, que se traduce como *molestia*. Los japoneses de cualquier edad evitan a toda costa molestar a los demás, no quieren ser *meiwaku*. Esto, aplicado a la tercera edad, hace que los ancianos procuren ser autosuficientes para no resultar una carga para sus hijos, vecinos o conocidos. Por ejemplo, si una anciana va por la calle cargada con las bolsas de la compra y un joven le ofrece ayuda para llevarlas, ella contestará que no hace falta, porque no quiere ser un lastre. Solo si el chico insiste, ella accederá a que le echen una mano. Esto tiene como consecuencia que la gente mayor se mantenga activa para ser independiente el mayor tiempo posible, dedicándose al ocio y también a las labores cotidianas. Aunque esta forma de pensar está muy arraigada en la sociedad nipona, Yayoi no comulga del todo con esto del *meiwaku*.

—A los abuelitos —dice— les da vergüenza pedir favores a sus hijos. A mí no me parece bien. Los mayores tenemos todo el derecho a molestar un poco, ¿no te parece? Es natural que uno no pueda hacerlo todo solo a partir de una edad. A veces necesitamos ayuda de otros, igual que ellos nos necesitan a nosotros ocasionalmente —me dice enfurruñada mientras impregna la verdura en una mezcla de harina de tempura, agua y hielo—. Cuanto más fría esté la masa, más ligero sale el rebozado.

Sea o no a causa del *meiwaku*, lo fascinante es que los ancianos en Japón se esfuerzan por mantenerse en la rueda social el mayor tiempo posible. Así, el 70% de los japoneses de entre sesenta y sesenta y nueve años, y el 50% de los que tienen más de setenta están o bien trabajando, o bien dedicados a actividades de grupo o a voluntariados.

Y es que otra de las opciones más comunes entre los ancianos japoneses al jubilarse es convertirse en voluntarios. Desarrollan labores tan variopintas como cuidar a personas discapacitadas, acompañar a los niños pequeños mientras hacen los deberes o participar en el llamado *Comedor de los niños*, un concepto que según Yayoi está muy de moda en Japón. Se trata de un grupo de adultos, incluidos muchos ancianos, que cocinan para los niños de familias con pocos recursos, cuyos padres salen muy tarde del trabajo o no tienen medios para alimentarlos.

Yayoi, por su parte, es voluntaria en una *Child Line*; un número de teléfono específico que los adolescentes tienen a su disposición para hablar de cualquier cosa que les preocupe.

—A veces —me cuenta— llaman para contar que están siendo víctimas de *bullying*, otras para decir que han discutido con sus padres, o incluso porque tienen mal de amores.

—Me parece una idea buenísima: ¿quién mejor que un anciano y su sabia experiencia de los años para asesorar a los jóvenes?

—Bueno, hacemos lo que podemos. También soy la presidenta de una asociación de mi barrio que apoya a los niños de Fukushima, víctimas de la radiactividad. Desde 2012 los traemos aquí todos los años, para que puedan pasar unos días fuera de Fukushima y jugar en nuestros parques, que están libres de contaminación. Les damos alojamiento, comida, transporte.

—Pobres niños —digo—. ¿Siguen viviendo en Fukushima, sometidos a esos niveles altísimos de radiactividad? ¿Padecen alguna secuela?

—Sí, hubo muchos evacuados, pero otros se quedaron allí. Las consecuencias físicas aún se desconocen, porque seguramente afloren dentro de unos años. Parece que ha crecido el número de habitantes de Fukushima con cáncer de tiroides, aunque hay quien defiende que no tiene nada que ver con la radiactividad. En cualquier caso, pensamos que es sano que esos niños salgan de allí durante unos días.

Qué inspirador. Yo cuando sea anciana quiero ser como Yayoi. Sin duda, los japoneses tienen mucho que enseñar en este aspecto al resto del planeta, cada vez más envejecido. Se estima que la población mundial de más de 80 años se triplique de aquí a 2050, pasando de ser 143 millones a alcanzar los 426 millones de personas.

Japón es ya un país *superenvejecido*; casi un tercio de sus habitantes tiene más de sesenta y cinco años. Entre otros motivos, por sus bajos índices de natalidad y porque es una de las naciones con mayor esperanza de vida media, que se encuentra en torno a los ochenta y cuatro años. Lo bueno es que todos esos ancianos hacen su vida completamente integrados en la sociedad. La muestra es esta mujer que tengo delante, que en estos momentos se halla friendo la verdura en aceite haciendo uso de unos palillos.

Una vez terminada la tempura, la llevamos al salón junto con otros aperitivos y un guiso japonés. Los invitados, unos diez amigos suyos más o menos de su edad, ya han llegado y conversan relajadamente. Están sentados en el suelo en torno a una mesa alargada muy bajita. Emulo la postura del marido de Yayoi, a quien tengo enfrente, y me siento con las piernas cruzadas. Al instante, comienza un griterío.

—¡No, no, no! —chillan las mujeres del grupo con cara de susto mientras señalan en dirección a mis piernas.

—¡Yayoi! ¿Qué estoy haciendo mal? —le digo, desconcertada, girándome hacia ella.

Se ríe.

—Te has sentado con las piernas cruzadas y eso está reservado a los hombres. Las mujeres tenemos que sentarnos de rodillas, sobre los talones.

—¡Ah! Perdón. No tenía ni idea. ¿Y eso por qué es así?

—Originariamente, porque las mujeres llevábamos siempre falda y era inviable sentarse de otra forma.

¡Pues qué incómodo! No voy a aguantar ni diez minutos en esta postura. Mientras trato de acomodarme —algo imposible—, los comensales prueban la tempura. Todos alaban la cocina de Yayoi, lo hacen en inglés para integrarme en la conversación. Hago un repaso de los distintos platos que hay en la mesa y caigo en la cuenta de que el menú está compuesto básicamente de verdura y algo de pescado. ¿Tendrá que ver, también, la dieta japonesa en la longevidad de sus ciudadanos?

—Yo casi no como carne —me aclara Yayoi—. Es un hábito bastante generalizado en Japón. De todo lo que como a lo largo del día, un 80% es fruta, verdura y, por supuesto, soja, alimento que aquí comemos de mil maneras porque lo consideramos muy saludable. También me gusta mucho el pescado.

—Y por lo que he visto durante estos días en Tokio, las cantidades son muy comedidas, ¿verdad? Tengo entendido que incluso la fiambrera que os lleváis al trabajo tiene un tamaño muy reducido.

—Aquí lo llamamos *obento*. Es cierto que es bastante pequeño comparado con las porciones españolas. Siempre tiene que incluir verdura, algo de proteína y una pequeña cantidad de hidratos, normalmente en forma de arroz. Lo propio es que estén presentes al menos tres colores: amarillo, rojo y verde. Un poco de tortilla, un tomate *cherry*, unas algas nori. Así, cuando lo abres, te entra por los ojos y te deja satisfecho porque lo que comes es atractivo. Eso sí, yo la cerveza no la perdono —dice Yayoi entre risas.

Me abstraigo y me pongo a observarlos. Tienen entre setenta y setenta y cinco años, aunque no los aparentan en absoluto. Ni por su físico ni por su actitud. Yo he sido voluntaria en un centro de mayores en Madrid y la diferencia con lo que veo en esta casa japonesa es abismal. Estos ancianos de ojos rasgados son activos, joviales, vivaces y, sobre todo, son personas conectadas con el mundo. Eso se debe, en parte, a su agitada vida social, a su forma de interactuar con gente de todas las edades a través de los voluntariados y de las actividades grupales a las que asisten, en las que ejercitan cuerpo y mente, como el taichí que enseña Minoru. Me he propuesto, por cierto, aprender esta disciplina antes de marcharme de Japón.

Me levanto del suelo con un terrible dolor de piernas tras haber pasado una hora sentada sobre las rodillas. Le pido a Minoru que me ilustre con algún movimiento para recuperarme. Él se sitúa a mi derecha, Yayoi se coloca a mi izquierda. Ambos, en perfecta sincronía, comienzan a formar círculos con los brazos en una especie de baile pausado y relajante. Sin mover los pies del suelo, balancean sus caderas de un lado a otro, coordinando esta oscilación con la de los brazos. Yo les imito, o eso intento, porque el resultado de mi iniciación a las artes marciales resulta desastroso. En un momento determinado, me quedo en equilibrio sobre una pierna, tal y como están haciendo mis profesores, pero con el ánimo de hacer un poco el ganso, incorporo un levantamiento de brazos propio del flamenco. Los amigos de Yayoi se ríen conmigo o más bien de mí. Yo les animo a que se unan a nosotros. Las mujeres me piden que les enseñe a bailar sevillanas y yo, sin tener ni la menor idea, me invento unos cuantos pasos. Para contentarlas exagero mucho los gestos y grito ¡olé! repetidas veces. Ellas me imitan y yo pienso en qué diría mi novio, que es sevillano, si me viese en estos momentos. Al final, terminamos todos muertos de risa bailando una extraña mezcla de taichí y flamenco, sin dejar de repetir ¡olé, olé! como si no hubiera un mañana.

Está claro que esta panda de ancianos japoneses tiene más marcha que yo.

MADRID, 2021

Han pasado seis años desde esa cena. Yayoi y yo nos comunicamos de vez en cuando, siempre por *email*. Sin embargo, hoy tengo ganas de escuchar su voz, de verle la cara. Le mando un correo y le pregunto si tiene Skype, WhatsApp o Facetime. Me contesta que su hija le ha recomendado que hablemos por WhatsApp. Acordamos conectarnos al día siguiente a la una de la tarde de Madrid, que son las ocho de la tarde en Tokio.

—¡Verónica! ¿Me oyes bien? ¿Me ves?

Pega su cara a la cámara, intentando descifrar cómo funciona esta tecnología, con la que no está muy familiarizada. Por fin consigue colocar el móvil en un sitio fijo y comunicarse mirando a la pantalla.

—¡Qué alegría verte! —dice por fin.

—Qué guapa estás, Yayoi. No has cambiado nada en estos años. Cuéntame, ¿cómo estás?

—¡Ay!, Verónica. Tengo una mala noticia. Mi marido murió hace justo un año, le diagnosticaron una enfermedad muy grave y después fue todo muy rápido, no duró más que tres meses.

¡Qué horror! No me quiero imaginar el impacto emocional que habrá supuesto para ella, con lo unida que estaba a Minoru. Sin embargo, aunque su mirada está algo apagada, la veo serena, tranquila, e igual de jovial que siempre.

—Cuánto lo siento, Yayoi. ¿Cómo lo llevas?

—A veces me invade cierta tristeza —comienza—, pero estoy bien. No me queda más remedio que seguir mi vida, pensando que la vida de mi marido también sigue en cierta manera. Ya sabes que nuestro apellido, Hoshino, significa *campo de estrellas*. Estoy convencida de que él está allí, en Santiago de Compostela, porque también Compostela significa *campo de estrellas*. Le encantaba esa ciudad, sé que él nos estará viendo desde allí.

—Estoy segura de que sí, Yayoi.

Aparto el móvil un instante para evitar que Yayoi vea las lágrimas que se me han derramado al escucharla. A veces pienso que soy demasiado sensible. De repente, oigo un maullido.

—Es mi gatita. Se llama Charo y la tengo desde que Minoru se fue. Me hace compañía y tengo que cuidarla porque es diabética —me cuenta con esa dulzura que la caracteriza, a medio caballo entre el tono de una niña y el de una anciana.

—Es preciosa, Yayoi. Y además de estar pendiente de Charo, seguro que sigues haciendo mil cosas cada día, ¿verdad? —le pregunto.

Necesito confirmar cuanto antes que no se ha venido abajo y que sigue tan enérgica como la Yayoi que yo conocí.

—Sí. Me levanto cada día a las cinco y me voy al templo a hacer taichí. Ahora soy yo la que imparte las clases que antes daba mi marido. Hay alumnos que dicen que yo lo enseño mejor que él. —Se ríe—. Sigo con mis voluntariados y también me he apuntado a un club de senderismo. Hacemos caminatas por la naturaleza con frecuencia. Me gusta mucho.

—Qué barbaridad, Yayoi. ¡Qué vitalidad! ¿Qué me dices de tus cenas? ¿Sigues yendo al huerto?

—¡Claro que sí! No sabes las calabazas tan ricas que me han salido este mes. El otro día se las hice a los amigos de Minoru y les encantaron. Ahora tengo mucho contacto con amigos de mi marido con los que antes no tenía relación. Es algo precioso. Estoy llena de nuevas amistades. Minoru me ha dejado este tipo de riqueza.

—Oye, pero ¡qué bien! Qué bonito legado te ha dejado.

—¡Sí! Vienen mucho a casa y también salimos a cenar fuera. Justo el otro día fui a la taberna Ajitome, donde comiste el pez *fugu*, ¿te acuerdas? ¡Qué miedo te daba! ¡Casi no te atreviste a probarlo!

Nos reímos un rato y rememoramos nuestros días juntas en Tokio. Creo que le ha hecho ilusión mi llamada. Después de conversar un buen rato, Charo vuelve a maullar.

—Mi gatita me está reclamando la cena. Y voy a prepararme yo también la mía, ¡que aquí son las nueve de la noche, Verónica! Y ya me está pidiendo el cuerpo la cervecita del día.

Cuánto me alegra constatar que Yayoi no ha perdido sus ganas de vivir. Es más, me fascina su forma de afrontar la muerte de un ser tan querido como su marido. En lugar de encerrarse en sí misma, como habría sido normal, Yayoi se ha abierto a esta nueva etapa, buscando la felicidad en los pequeños placeres: el taichí, sus amigos, su familia, su gatita y, cómo no, su cervecita. Cuando la conocí, esta japonesa me enseñó que uno nunca deja de aprender, que todos tenemos algo que aportar a la sociedad y que jamás es tarde para retarse a uno mismo.

Hoy, años después, vuelve a darme, sin ella saberlo, una nueva lección de vida.

8

KRISTEN Y LA IMAGEN

NUEVA YORK, 2019

Me siento como en una película, algo que nos pasa a todos los europeos cuando venimos a Nueva York. Pero lo de hoy es casi real, porque no es que esté paseando por esas calles que hemos visto mil veces en la gran pantalla, sino que estoy participando del ambiente neoyorquino como una ciudadana más de la Gran Manzana. Estoy en una azotea rodeada de ejecutivos y gente importante, sujetando un Manhattan en la mano y viendo el atardecer con el Empire State de fondo. He venido gracias a una amiga mía italiana que me está acogiendo estos días que estoy de paso, después de mi último rodaje en San Francisco. Aprovechando una escala en Nueva York, he decidido quedarme y ocupar su sofá durante un par de noches. Pensaba agradecérselo invitando yo a los cócteles, pero resulta que es un evento privado que organiza un club al que pertenece, con lo que estamos invitadas a todo, incluida la cena.

Hay varios camareros pasando bandejas de lo que aquí llaman *finger food* o comida para tomar con los dedos. Palitos de mozarela, alitas de pollo y otras cosas por el estilo que no me apetecen mucho. Es una pena, porque estoy hambrienta. A lo lejos veo pasar una bandeja con algo que parece sushi, marcho tras ella con la intención de coger un trozo para mí y otro para mi amiga.

Me abro paso entre la gente hasta llegar a la ansiada bandeja de *nigiris*. Solo queda un trozo. Cuando voy a cogerlo, veo otra mano dirigirse directa hacia la solitaria pieza de sushi.

Retiro la mano rápidamente para ceder el *nigiri* a quien sea que lo quiera.

Cuando levanto la cabeza, veo a una mujer rubia, de nariz fina y ojos azules, grandes y saltones. Calculo que tendrá unos cincuenta años. Es extraño, pero su rostro me resulta familiar.

—¡No, no! No te preocupes, quédatelo tú —me responde ella con una enorme y perfecta sonrisa.

—Insisto, de verdad. —Me retiro para que pueda disfrutarlo.

Ella se aleja mientras mastica el sushi. La sigo con la mirada e intento identificar a quién me recuerda esta mujer. Obviamente no la conozco. Quizá me la he cruzado en el aeropuerto. ¡Cualquiera sabe! Me doy la vuelta para volver con mi amiga y entonces caigo. ¡Ya lo sé! ¡La he visto esta mañana en el periódico! En el avión desde San Francisco he estado leyendo el ejemplar de *The New York Times* que me han dado las azafatas. Ella salía en una foto. La recuerdo perfectamente porque la noticia me ha llamado muchísimo la atención. Hablaba de cinco presentadoras de televisión que han demandado a la cadena en la que trabajan porque están sufriendo discriminación laboral por su edad. Alegan que cada vez salen menos en pantalla porque sus jefes las están sustituyendo por periodistas más jóvenes, algo que no están padeciendo los presentadores hombres de la misma edad. Una de esas cinco demandantes era ella, que aparecía junto a sus compañeras en una imagen a media página.

Este es un tema en el que pienso con frecuencia. ¿Por qué en los programas de televisión casi siempre vemos a un hombre de más de cincuenta años acompañado de una mujer quince o veinte años más joven? Me encantaría hablar de esto con ella, pero no sé ni cómo se llama. Desde el móvil entro en la web de *The New York Times* para buscar la crónica. En el pie de foto salen los nombres y ella es Kristen Shaughnessy. ¿Y si me presento? Va a pensar que soy una pirada, ¡con razón! Aunque, ¿qué pierdo? ¡Es ahora o nunca! Cojo aire y me acerco a ella cual fan loca:

—¡Hola, Kristen! Me llamo Verónica Zumalacárregui, soy periodista española, presento un programa de televisión. Estoy aquí por trabajo y te he visto esta mañana en el periódico —le digo intentando parecer tranquila y segura.

—Encantada de conocerte, Verónica —responde ella con amabilidad, pero sin hacer caso a mi referencia a la noticia.

Decido insistir sobre el asunto.

—La verdad es que la noticia me ha hecho reflexionar un buen rato. Me molesta mucho que la imagen tenga más valor que la experiencia. En España también ocurre.

—Sí, sucede mucho más de lo que parece, pero a la gente le da pavor hablar de ello porque ponen en juego su puesto de trabajo —asegura ella con esa extroversión típica de los estadounidenses, que hace que las conversaciones con desconocidos resulten de lo más natural.

—¿Y a ti te importaría charlar sobre el tema conmigo? Sería genial podernos tomar un café juntas... —Estoy segura de que no va a acceder ni de broma.

—No te puedo comentar nada de mi caso en concreto por cuestiones legales, pero podemos quedar para hablar de la discriminación por edad y género en televisión en términos generales, si quieres —me ofrece ella amablemente, justo antes de darle un sorbo a su copa de vino rosado.

No comprendo por qué, si está todo en los medios, accesible en internet, no me lo puede contar ella.

—Es para no entorpecer la estrategia de mi abogado —me aclara ella al percibir mi confusión.

—Sin problema, encantada de quedar contigo. —Será interesante hablar con esta periodista, en cualquier caso—. ¿Cuándo te viene bien? Yo estoy hasta el martes en Nueva York.

—No tengo la agenda delante, pero seguro que encontramos un hueco. Apunta mi *email* y lo vemos, ¿vale?

Saco mi móvil y tomo nota de su correo electrónico. Creo que no termino de creérmelo. ¡Qué fácil ha sido! ¿Será verdad? ¿O me dará largas cuando llegue el momento?

Ya por la noche, al llegar a casa de mi amiga, enciendo mi portátil y me meto en internet para buscar todo lo que haya sobre el caso de Kristen y sus compañeras. Encuentro hasta la demanda que han interpuesto a la cadena para la que trabajan y me la leo entera, las sesenta páginas completas. Lo hago tirando de diccionario en varias ocasiones, porque no controlo todos los términos jurídicos en inglés. Las protagonistas de la historia son cinco periodistas de renombre de entre cuarenta y uno y sesenta y un años, que trabajan desde hace tiempo como presentadoras en NY1, la televisión de Nueva York y una de las cadenas locales más importantes de Estados Unidos. Entre las cinco reúnen multitud de galardones que reconocen sus respectivas trayectorias, incluido algún premio Emmy. Hoy se ha hecho público que han demandado colectivamente al canal por estar sufriendo discriminación por edad y género. Denuncian que sus superiores han reducido sus horas de conexión en directo, han eliminado de la parrilla los programas de éxito que presentaban o que incluso las han bajado de categoría, pasándolas de presentadoras a reporteras de calle. Las personas elegidas para reemplazarlas son en todos los casos mujeres más jóvenes que ellas. Explican que todo esto ya lo han puesto sobre la mesa con el departamento de Recursos Humanos de la cadena y que no ha servido de nada.

Se nota que las cinco demandantes son periodistas experimentadas, porque lo más difícil en estos casos es demostrar los hechos. Ellas lo han conseguido brillantemente aportando toda clase de pruebas, estadísticas y datos reunidos a lo largo de los dos últimos años. La demanda incluye, de hecho, un conjunto de fotografías para corroborar que todas ellas han sido sustituidas por otras mujeres quince o veinte años más jóvenes, pero con asombrosos parecidos en cuanto a aspecto físico y raíces étnicas. Tal y como se observa en las imágenes, Kristen, que tiene cincuenta años, ha sido reemplazada por una presentadora de treinta y seis, también caucásica, rubia y de ojos claros. Otra de las demandantes, Jeanine Ramírez, que es de origen latino y tiene cuarenta y nueve años, ha sido relevada por otra mujer de treinta y siete, también latina y con fisiología semejante. Y lo mismo ocurre con Vivian Lee y su joven sustituta, ambas de rasgos asiáticos.

La importancia del caso es tal que el abogado que está representando a estas cinco periodistas es el mismo que defendió a la limpiadora de hotel que acusó de agresión sexual al político francés Dominique Strauss-Khan, cuando este era presidente del Fondo Monetario Internacional.

Cuanto más busco, más me sorprendo de lo que voy descubriendo. El hecho de que Kristen no pueda hablarme de su caso personal para no comprometer la estrategia procesal, no hace sino añadir emoción a la historia. Si antes me sentía dentro de una película, ahora me siento como uno de sus protagonistas, investigando un caso de discriminación por edad y género. Pero, más allá de los detalles particulares, me interesa especialmente conocer el punto de vista de alguien que lo ha vivido. ¿Terminaré entrevistándome con Kristen? No voy a quedarme con la duda. Abro Gmail y le envío un correo electrónico muy concreto, proponiéndole vernos cuando le venga bien. Para mi sorpresa, me responde apenas veinte minutos después. Me indica día, hora y sitio donde quiere que quedemos a comer.

Salgo del metro unas cuantas paradas antes del lugar de nuestra cita para caminar por la Quinta Avenida. Al contrario de mucha gente que conozco, a mí me gusta recorrer las calles más concurridas de las ciudades, sobre todo cuando estoy en Nueva York, donde disfruto, con mis auriculares puestos y mientras escucho música, analizando a cada persona con la que me cruzo por la calle, con esa heterogeneidad de etnias, edades y estilos tan característicos de esta ciudad.

Me despido del bullicio para sumergirme en el ambiente tranquilo del barrio de Chelsea. Aquí las avenidas tienen mucho menos tráfico de coches, los rascacielos desaparecen en pro de multitud de edificios bajos de ladrillo naranja. Los bajos están ocupados por galerías, tiendas y restaurantes como *The Cookshop*, el restaurante donde me ha citado Kristen. En la entrada, colocada en la acera, hay una pizarra pintada con una frase que parece el prólogo de lo que vamos a hablar. La traducción al español sería algo como *tu edad es solo un número, es totalmente irrelevante, a menos que seas una botella de vino*. Sonrío y me meto en el local. Desde la entrada puedo ver gran cantidad de mesas. En un lateral, en una típica barra americana, me espera Kristen. Me saluda con un cálido abrazo. Me acomodo en un taburete acolchado al que me cuesta Dios y ayuda subir. Es ella quien inicia la conversación, me pregunta por qué estoy en Nueva York.

—Soy periodista y hago un programa de viajes gastronómicos por el mundo. Ahora vengo de grabar en San Francisco y he dicho: pues me quedo unos días en Nueva York, que me gusta mucho —respondo.

—¡Bravo! Tan joven y ya te has recorrido el mundo. Y encima trabajando. Calculo que estás en torno a los treinta. Aprovecha, ¡porque solo te quedan unos diez años de estar delante de las cámaras!

—Soy consciente de ello —digo—. Puede que por eso me llamase tanto la atención la noticia sobre vuestra demanda en *The New York Times* y que recordara tu cara cuando te vi en el evento. Por desgracia, en España tampoco es raro ver un informativo presentado por un hombre de sesenta junto a una mujer de cuarenta.

—Terrible, ¿verdad? Hay casos en los que podrían ser padre e hija perfectamente. —Busca con la mirada al camarero que está en la barra —. Charlie, ¿me traes una Coca-Cola Zero, ¿por favor?

—A mí, una botella de agua, gracias —pido antes de dirigirme de nuevo a Kristen —. Te confieso que he hecho una búsqueda extensa sobre la demanda que habéis puesto a NY1. Ya tengo toda la información. Así que, por tus implicaciones legales, no te voy a preguntar nada personal.

—Perfecto —contesta relajada.

—Lo que me cuesta entender —digo—, y sobre lo que me gustaría conocer tu opinión, es por qué hay tanta discriminación por edad en el mundo de la imagen. ¿Crees que a los espectadores no les gusta ver a una mujer de más de cincuenta en la televisión?

—Yo opino que son los directivos quienes ponen en pantalla a las mujeres a las que quieren ver o a las que creen que el público quiere ver. Y, al menos en Estados Unidos, los comités directivos siempre están formados por hombres blancos. El problema es que cuando el presentador es un hombre, la edad es un sinónimo de conocimiento, sabiduría y veteranía. Con las mujeres pasa todo lo contrario: tenemos una fecha de caducidad. Y en cuanto cumples los cuarenta te preguntas constantemente cuánto tiempo más te quedará dentro de la profesión...

—¡Qué tiranía! Y qué injusticia que eso solo nos ocurra a nosotras. De ahí que estemos obsesionadas con la estética y las cremas antienvejecimiento.

—Claro. Me apuesto lo que quieras a que eres incapaz de pensar en más de cinco presentadoras que no se tiñan o no se pongan bótox.

—Pues solo caigo en una, la verdad —admito, pensando en Ana Pastor—. Entonces, según tú, con esas prácticas las propias mujeres participamos de esta injusticia. ¿Piensas que deberíamos dejar de ocultar nuestras canas y nuestras arrugas?

—No necesariamente, pero sí debería ser una elección. Los hombres pueden decidir si teñirse o no, ¿verdad? Pero para las mujeres es prácticamente una obligación porque es inconcebible ver a una presentadora canosa.

—En mi opinión —digo—, si desde la industria de la televisión y el cine se cambiase la imagen que se ofrece de la mujer, no se idealizaría tanto la belleza femenina. Y, de hecho, esto haría disminuir nuestros problemas de autoestima.

—Efectivamente; es que la representación de la mujer en ese mundo está totalmente desvirtuada. Fíjate en el ámbito de la publicidad. En los anuncios prácticamente no salen personas mayores de cincuenta años, que eso ya es discriminación por edad en ambos sexos. Pero cuando aparecen, si son hombres, normalmente interpretan a algún madurito fuerte, atractivo y vigoroso. —Hace un gesto divertido con los brazos como sacando bíceps—. En cambio, ¿cómo son las cincuentonas que salen en los *spots*? ¡Viejas perjudicadas con achaques y dolores! —dice soltando una sonora carcajada. Yo río a mi vez.

—Que si las piernas pesadas, que si la pérdida de orina, que si las varices. ¡Tienes toda la razón!

—¿Y qué me dices del cine? En Hollywood no hay lugar para las actrices mayores, porque a los productores no les gustan sus arrugas. Hay millones de pelis en las que un actor de cincuenta interpreta a un veinteañero y una actriz de treinta y cinco interpreta a una mujer de cincuenta. ¿Pero a alguien le puede parecer eso realista?

Me gusta su manera de abordar el tema. En lugar de hacerlo de forma pesimista y dramática, utiliza un tono jocoso, sarcástico y ocurrente, así sus ideas calan mejor.

Nos quedamos unos minutos en silencio mientras ojeamos el menú. Ella pide una ensalada César y yo un sándwich mixto. Una comensal de otra mesa se acerca a Kristen mientras esperamos y le pide hacerse una foto con ella, parece evidente que es un rostro conocido en Nueva York. Ya con el *selfie* en su poder, la mujer le da las gracias y le pone una mano en el hombro.

—Por cierto, he leído lo de la demanda —le dice a Kristen mirándole fijamente a los ojos—. Eres una mujer muy valiente. —Tras darle un apretón en el brazo, se vuelve a su mesa.

Kristen sonríe agradecida. Para ella ha debido de suponer una liberación hacer pública la presión a la que ha estado sometida durante tanto tiempo. Pero ¿cómo se sentiría antes de contarlo?

—Ha tenido que ser muy duro que empiecen a darte de lado después de trabajar veinticinco años en la misma empresa —digo de forma casi automática, poniendo voz a mis pensamientos.

—Te respondo en términos generales, que ya sabes que no puedo hablar de mi caso en particular. Además, después de charlar con muchas mujeres sobre esto, puedo confirmarte que todos los casos son iguales. El sistema está pensado para minar la confianza de aquella a la que se quieren cargar. Cuando tú eres esa persona, piensas que sólo te está pasando a ti y te preguntas: ¿qué estoy haciendo mal?, ¿por qué estoy trabajando tanto como puedo y no me dan oportunidades? —Pincha una hoja de lechuga de su ensalada—. Y lo único que te puede sacar del pozo es consultar a otras compañeras para contrastar si es tu culpa o es que os está pasando a varias.

—Supongo que darte cuenta de que no eres la única que lo sufre te habrá dado algo de tranquilidad emocional. Pero, según he leído, Recursos Humanos no llegó a tomar cartas en el asunto, ni siquiera al saber que erais varias las afectadas.

—Para empezar, te tachan de pesada y te ponen la etiqueta de quejica. En la mayoría de casos la estrategia no surte efecto y, si eres insistente, te despiden.

Aunque ella no entra en detalles específicos, la demanda deja claro que el departamento de Recursos Humanos de su empresa no hizo caso de sus quejas cuando acudieron a él. Incluso fueron víctimas de represalias y más maltrato psicológico.

—Seguro que habrá quienes piensen que te estás quejando porque estás celosa de tus compañeras más jóvenes —digo yo justo antes de darle un mordisco a mi sándwich, eligiendo la parte donde el queso está más derretido.

—Quizá alguien lo piense, pero no es cierto. Para mí tener compañeras jóvenes no es algo malo. Hay espacio para todas, siempre y cuando seamos competentes en nuestro trabajo. Repito: *para todas,* incluidas las de más edad que, para más inri, somos las más experimentadas y, ojo, las que más disponibles estamos. A partir de los cincuenta ya tienes a tus hijos criados y cuentas con todo el tiempo del mundo para trabajar.

—Además, las jóvenes algún día serán las mayores, ¿no? Lo que pasa es que falta sororidad, hermandad femenina —digo yo enfadada, antes de masticar con fuerza una patata frita.

Al pronunciar esa frase, recuerdo algo que he leído en estos días en internet al curiosear sobre el caso. En un artículo, un empleado de la cadena NY1 reconocía haber escuchado a otra compañera decir que Kristen era muy mayor para llevar un vestido de manga larga —ojo, de manga larga— con aberturas en los hombros. Qué bonito aprovecharse de la discriminación que está sufriendo tu compañera para pisotearla. Esta falta absoluta de la más mínima sororidad me pone enferma. ¿Cuándo, de una santa vez, empezaremos a tendernos la mano las unas a las otras en lugar de criticarnos constantemente?

Después de comer y tras una pequeña batalla por pagar la cuenta de la que salgo victoriosa, empiezo a agradecerle a Kristen el tiempo que me ha dedicado. Doy por hecho que nuestra entrevista termina aquí. Para mi sorpresa, me dice que no tiene ninguna prisa y me propone dar un paseo por Central Park, que no queda muy lejos en taxi. Ni me lo pienso. Charlar con esta mujer es lo mejor que me ha pasado desde que llegué a Nueva York. Ya en el parque, Kristen me conduce hasta un pequeño jardín, muy frondoso y lleno de flores de colores, acotado por una valla de madera rústica. De fondo, una cabaña que parece de cuento.

—Kristen, ¡este rinconcito es mágico!

—¿Verdad que sí? Se llama Shakespeare Garden y se empezó a plantar hace más de cien años —me explica con su particular entonación de presentadora —. La mayoría de las flores que ves aquí son las que Shakespeare menciona en sus textos: rosas, tulipanes, narcisos, lirios.

Mientras recorremos el recoleto jardín del dramaturgo inglés, Kristen se detiene delante de dos tulipanes. Uno todavía es un capullo, pero está un poco abierto, a punto de convertirse en una preciosa flor roja. El otro ya está lánguido, caído y apagado de color.

—Mira, Verónica: esto es lo que pasa cuando un presentador y una presentadora llegan a los cuarenta. La carrera profesional del hombre empieza a florecer —señala el tulipán que está a punto de eclosionar —, mientras que la de la mujer empieza a marchitarse. —Señala ahora el tulipán que está a punto de morir.

Cierra su metáfora con una risotada.

—Me ha quedado claro. Pero ¿tú crees que solo hay discriminación por edad en la televisión y en el cine?

—No, en absoluto. En la industria de la imagen es más tangible, pero hay otros campos en los que la discriminación por edad, tanto para hombres como para mujeres, es incluso peor.

—¿Te refieres a que, simplemente por el hecho de tener más de cuarenta o cincuenta años, tienes complicaciones en tu puesto de trabajo?

—En tu puesto, o para acceder a él —aclara ella—. Según la Asociación Americana de Personas Jubiladas, tres de cada cinco empleados mayores han declarado sufrir discriminación por edad.

¡Tres de cada cinco! Es una barbaridad. Es un hecho que, tal y como dice Kristen, afecta a todos los sectores. En el mundo de la tecnología y el software, por ejemplo, la edad media de los empleados es de treinta y tres años. También hay un estudio que demuestra que, para entrar en una de las empresas de auditoría más grandes del mundo, los candidatos jóvenes tienen un 500% más de posibilidades que aquellos que tienen cuarenta años o más. El problema es tan acuciante, que en Estados Unidos existe la Ley de Discriminación por Edad en el Empleo (ADEA, por sus siglas en inglés) que ampara a los trabajadores de más de cuarenta años.

—La suerte que tienen los hombres —apunto— es que cuando se quedan sin trabajo tienen más dinero ahorrado, porque sus sueldos son siempre mayores que los nuestros. De hecho, he leído en vuestra demanda que una de tus compañeras cobra la mitad que otro gran presentador de la cadena, pese a hacer el mismo trabajo que él.

—Bueno, en este caso te diré que la culpa es enteramente nuestra: las mujeres no sabemos negociar. Mi cuñado tiene una empresa y dice que en los últimos tres años no ha habido ninguna empleada que le pida un aumento salarial. Y hombres ha habido muchos —asegura Kristen mientras se acerca a oler una flor que cuelga hacia abajo.

—Creo que, por nuestro pasado, a nosotras nos da miedo perder nuestro trabajo si pedimos un aumento —digo—. Ellos arriesgan más porque dan por hecho que son merecedores de ese empleo.

—Y a eso se suma que a las mujeres nos han enseñado que no se puede hablar ni de dinero ni de religión ni de política. La consecuencia es que nos quedamos siempre calladitas. —Interrumpe la charla para preguntarle algo a un jardinero que está cuidando las plantas —. Disculpe, ¿esta flor cómo se llama?

—¿Esta morada? *Frittilaria*, señora —contesta él.

—¿Sabes lo que deberíamos hacer? —me dice Kristen retomando la conversación tras darle las gracias al jardinero—. Preguntar a nuestros compañeros hombres en qué horquilla salarial están ellos, y acto seguido pedir nosotras una cantidad parecida.

Pienso en cómo formular mi siguiente pregunta sin ponerla en un compromiso legal.

—¿Y crees que lo harían? ¿Cómo se comportan los hombres con sus compañeras en este tipo de circunstancias?

—Pues en muchos casos —responde—, aunque estén viendo lo que está sufriendo una colega, no se mojan y optan por no dar fe de ello a Recursos Humanos. No lo hacen los hombres, pero tampoco otras mujeres, porque están cómodos en su puesto de trabajo y tienen miedo a las consecuencias que pueda acarrear declarar en contra de quien les paga. Esa es también la razón de que muchas mujeres vivan la discriminación por edad en silencio.

—Kristen, entonces, ¿qué se puede hacer para que esto deje de ocurrir?

—Ayudaría mucho que, tal y como tú has dicho, en el cine y la televisión se diera una imagen *real* de la mujer. Pero difícilmente se va a revertir la situación hasta que las altas esferas de las empresas no sean más heterogéneas.

—He leído en la demanda que en el comité de dirección del canal donde trabajas solo uno de los catorce miembros es mujer.

—Y eso mismo pasa en casi todas las compañías de cualquier sector. Pero, además, y volviendo a la inexistente sororidad que mencionabas, las mujeres que llegan a cargos directivos no ayudan a otras a subir, porque piensan algo así como que aquí solo hay hueco para unas pocas, y tú te quedas fuera.

—Lamentable.

—A la postre, Verónica, lo único que está en nuestra mano es contar que esto sucede para que la discriminación por edad sea visible. Porque cuanto más se habla de un tema, más difícil es ignorarlo, incluso para aquellos a quienes no les interesa que esto se sepa. La pregunta que hay que hacerse es la siguiente: ¿estás dispuesta a arriesgar tu trabajo y tu carrera por contarlo? Y si tú no estás dispuesta, ¿quién lo va a contar si no?

Esta es la respuesta que estaba buscando. Desde que Kristen aceptó quedar conmigo, no he parado de preguntarme por qué una presentadora tan reconocida ha sido tan accesible y tan cercana conmigo. Al fin y al cabo, yo no soy más que una periodista extranjera a quien no conoce de nada. Pues bien, he entendido que esto es parte de su misión. Ella y sus compañeras han actuado como punta de lanza para provocar un cambio: quieren compartir su experiencia con el mundo para que la discriminación por edad y género deje de estar oculta, para allanar así el camino de otras mujeres que la estén sufriendo. Por eso se han atrevido a demandar públicamente a la cadena de televisión en la que trabajan, a sabiendas de que su día a día profesional será incluso más hostil que hasta ahora. Me despido de Kristen dándole las gracias por mostrar una realidad que nos afecta a todas, y a todos.

MADRID, 2021

Hace mucho que no sé de Kristen. ¿Cómo estará? Me meto en su cuenta de Instagram para curiosear y veo una imagen que me llama la atención: es una foto hecha a una página en papel de *The New York Times* en la que aparecen retratadas ella y sus cuatro compañeras. El titular dice que *Las cinco presentadoras de NY1 abandonan la cadena al llegar a un acuerdo tras su demanda por discriminación.* La publicación es de hace ya algunos meses. Me pregunto cuál será su estado de ánimo después de la resolución del caso y le mando un *email* para preguntarle. Ella me responde unas horas más tarde:

Hola, Verónica:

Qué bien saber de ti. Espero que, en pocos meses, cuando salgamos completamente de la pandemia, puedas volver a hacer lo que más te gusta: viajar por el mundo.

En efecto, tal y como has leído, ya no trabajo en la televisión. Mis compañeras y yo llegamos a un acuerdo con NY1 del que, como supondrás, no puedo hablar. Lo único que puedo contarte es que, aunque echo de menos el que fue mi empleo durante veinticinco años, estoy muy contenta.

Me ha costado llegar a este punto, pero ahora sé ver las bondades de esta nueva etapa. Tengo más tiempo para viajar con mi marido y para visitar a mis hijas, que están estudiando en otros estados. También colaboro con un par de medios escribiendo de vez en cuando y, lo más importante, es que estoy trabajando con mis compañeras en un gran proyecto. Estamos escribiendo un libro para ayudar a la gente, sobre todo a mujeres, a manejarse mejor en su lugar de trabajo desde la mitad de su carrera hasta su jubilación. Para ello nos estamos documentando hablando con personas de todo el mundo, y el proceso está siendo realmente interesante. Ya te avisaré cuando se publique, en unos meses.

Recuerdo que, cuando nos conocimos, me pediste que te diera un consejo de periodista a periodista. No me acuerdo de qué te dije en su momento, pero hoy voy a darte otro: que no te defina tu trabajo, porque eso, algún día, ya no estará presente en tu vida. Tú eres mucho más que tu profesión. No lo olvides.

Cuídate,
K.

9

ELENA Y LA CONCILIACIÓN

¡Qué pesadez! Es la tercera vez en cinco minutos que el camarero viene a preguntarnos si está todo a nuestro gusto. Por más que vengo a México —esta debe de ser mi décima visita— no me acostumbro a que estén tan pendientes de mí. Que si quieren algún taco más, que si desean más salsa para los totopos, que si les falta algo de beber... Está claro que es una cuestión cultural y seguro que lo hacen con la mejor intención, pero a ojos de los europeos, aquí los camareros se pasan de serviciales. En cualquier caso, todo se me olvida en cuanto pruebo algún bocadito de los platos que traen a la mesa. ¡Qué bien se come en México, de verdad! Cómo estoy disfrutando en este restaurante. Y parece que no soy la única. La pequeña May tiene la cara llena de aguacate, las manos negras de mole y el babero con algunos trozos de pescado colgando. Los comensales de otras mesas nos miran atraídos por la risa que suelta la pequeña cada vez que prueba algo. Es la típica carcajada de bebé que enternece a todo aquel que tenga la suerte de oírla.

—Pero Elena, ¿cómo la dejas ponerse así? —le digo a la madre de la criatura—. Parece Shrek, la pobre, con todo el guacamole que tiene en la cara.

—¡No importa! Está experimentando, así es como tiene que aprender a comer —me contesta Elena.

Gesticula mucho, con esa expresividad que la caracteriza y el divertido acento cantarín propio de México. La última vez que nos vimos, Elena todavía no había dado a luz. Ahora la niña ya tiene ocho meses y es una preciosidad. Tiene la cara redondita, la piel blanca, los ojos verdes de su madre y la boca de su padre, que no ha podido unirse a la comida, pero que vendrá después. Ella suele citarme en Polanco, el barrio adinerado de Ciudad de México, aunque yo soy más de La Roma y La Condesa, que vendrían a ser como Malasaña en Madrid. Siempre me trae a restaurantes de mucho nivel para que pruebe las delicias de su país, que acabo siempre degustando yo sola.

—Ay, te voy a pedir unas *chalupitas*, que aquí las hacen deliciosas —llama a un camarero con la mano.

—¡No! No pidas más. Como de costumbre, a mí me cebas con platos gochos y tú te comes un pescadito y punto —le contesto, a sabiendas de que no me va a hacer ni caso.

—Pero *Veeeero* —replica ella, alargando mucho las vocales—, es que yo sé que tú *aaamas* la gastronomía mexicana y quiero consentirte.

—Pues consiéntete a ti también y agarra un poquito de estas enchiladas. —Cuando estoy a este lado del océano, elimino de mi vocabulario la palabra coger, por su connotación sexual, y la sustituyo por agarrar.

—Ya sabes que cuido mucho lo que como, yo eso no lo puedo probar —dice.

A la vista está que la dieta de Elena no incluye nada de azúcar ni harinas ni alcohol. Tiene treinta y cuatro años, ni un gramo de celulitis y un abdomen con todos los cuadraditos marcados que, como de costumbre, lleva al descubierto. Se ha puesto una camiseta muy corta, unos vaqueros caídos, deshilachados y con agujeros. Va calzada con unas deportivas negras con plataforma. Tiene una melena rubia en la que en esta ocasión se ha echado un gel efecto mojado, de forma que parece que acaba de salir de la ducha. Nunca dejará de sorprenderme lo mucho que cambia esta mujer cuando va de *sport*. Nadie diría que detrás de este aspecto informal y desaliñado hay una política con mucho futuro.

La primera vez que la vi fue en sus fotos de Facebook, cuando me contactó a través de esa misma red social. En todas las imágenes, también a día de hoy, aparece rodeada de hombres trajeados, normalmente sentados en una sala de reuniones, o posando de pie con la bandera mexicana de fondo. Siempre es ella quien destaca. No solo por ser la única mujer, sino también por ese estilo formal a la par que transgresor, resultado de mezclar un conjunto de falda y chaqueta con unos enormes aros de plata en las orejas y un exagerado maquillaje de ojos. Estas fotos las cotilleé para cerciorarme de que la que me escribía por Facebook era, en efecto, quien decía ser. El mensaje que me envió empezaba así:

«Querida Verónica,

Primero quiero felicitarte por tu programa *Me voy a comer el mundo*: ¡es sin duda el mejor programa de gastronomía que hay!

Te escribo en representación de la Secretaría de Turismo de México (Ministerio de Turismo) para invitarte a que vengas a filmar a México».

Luego continuaba hablando de las bondades de la comida de su país, sobre las que yo, precisamente, andaba investigando en esos momentos. Casualidades de la vida: me acababan de encomendar la producción de un programa sobre la gastronomía mexicana, que por algo es Patrimonio Cultural e Inmaterial de la Humanidad por la UNESCO. En su mensaje también me contaba que, tras licenciarse en Ciencias Políticas, había pasado un tiempo en España cursando un máster en Políticas Públicas en la Universidad de Salamanca.

Tras ese primer contacto, siguieron muchas videollamadas, que culminaron en un formato de televisión precioso sobre la gastronomía tradicional mexicana. Durante el primero de nuestros muchos rodajes por el país, Elena y yo organizamos una cena para conocernos en persona, a la que acudí con dos compañeros de trabajo: el operador de cámara y el director del programa. Ella estaba acompañada por su jefe, el secretario de Turismo y... ¡por su madre! Recuerdo que este detalle nos sorprendió bastante. No es habitual acudir con tu jefe y tu madre a cenas de trabajo. Pero ahora que sé cómo son las dos, y que cada vez que vengo a México me cuelo a comer en casa de su madre con la familia entera, me parece algo muy propio de ellas. Tienen un vínculo muy especial que va más allá del lazo que hay entre una madre y su hija. Son amigas, juntas parecen dos adolescentes. Me da la sensación de que es el tipo de relación que Elena quiere reproducir con su hija.

Aquella primera cena fue realmente divertida, no parecía en absoluto una reunión de trabajo. Elena y su madre son espontáneas, dicharacheras y naturales hasta la saciedad. La verdad es que están como cabras, igual que yo, así que me integré rápidamente. No sé lo que pensaría en ese momento el secretario de Turismo, seguro que más de una vez quiso salir corriendo. Menos mal que mis compañeros aportaron la diplomacia y seriedad de las que yo carezco. Sea como fuere, lo que tengo claro es que si a día de hoy conozco veinte de los treinta y dos estados mexicanos es, en gran parte, gracias a la iniciativa de Elena.

Esta mujer es un torrente de energía: se levanta a las cinco de la mañana, a las seis hace *body combat* y a las ocho ya está en su primera reunión de trabajo. Ahora que es madre, asegura que su vida no ha cambiado nada porque se lleva a su bebé allá donde va. ¡No se cogió ni la baja de maternidad! Me lo cuenta sin darle importancia, mientras le limpia la cara a la niña, que para entonces ya tiene mole hasta en las orejas:

—Me la llevo al trabajo casi desde el día en que nació. Cuando May tenía una semana de vida yo me planté en la oficina con ella en un brazo y con una cunita en el otro.

—¡Estás pirada, Elena! ¡Con un bebé tan pequeño! ¿Qué decía tu jefe, el secretario de Turismo? —le pregunto justo antes de probar una de las *chalupitas* poblanas que acaban de traernos.

—Él ya sabía que yo iba a reincorporarme rápidamente, pero tuve que empezar a convencerle muchos meses antes. Mira, a mí me invitaban continuamente a seminarios sobre la inclusión femenina en el mundo financiero. Mil veces salían a colación los datos de la OCDE que demuestran que la carrera profesional de las mujeres se estanca cuando tienen hijos. Y yo me negaba a que eso me ocurriera a mí. Pero para que mi caso fuera diferente, era necesario actuar, porque las mujeres tenemos que dejar de hablar y empezar a ejecutar lo que predicamos. Así que nada más quedarme embarazada fui al despacho de mi jefe y le dije: «Estoy en mi semana número uno de embarazo. No se lo he dicho ni a mi madre, y si quiero que te enteres tú primero, es para que te tomes en serio lo que voy a pedirte. Cuando tenga al bebé quiero que sigas confiando en mí para todo, que no delegues en nadie ninguna de mis tareas y que me tengas en cuenta para todo, como siempre. Para mí esto no van a ser vacaciones, yo voy a dedicar a mi trabajo el mismo tiempo que antes».

Elena fue muy insistente porque en México, y en otras partes del mundo, a muchas trabajadoras que son madres las relegan a puestos de menor responsabilidad, al asumir que no van a ser capaces de seguir trabajando al mismo nivel. Algo que, por otra parte, a veces es cierto: según ese estudio de la OCDE al que Elena se remite, las mujeres mexicanas están a cargo del 75% de todas las tareas del hogar y el cuidado de los hijos. Esto restringe considerablemente las horas que podrían dedicar a un empleo remunerado. Los datos hablan por sí solos. De todas las parejas mexicanas con empleo y un hijo menor de catorce años, solo en el 21% de los casos ambos progenitores trabajan a jornada completa. Un porcentaje en el que está incluida Elena, tras haber persuadido a su superior.

—Al principio mi jefe no entendía nada —me explica abriendo mucho los ojos—. Es un buenazo, pero está chapado a la antigua. Él me decía que sí, que por supuesto. Pero me estaba dando un sí político, por compromiso, y yo quería un sí real. Cuando le dije que no iba a hacer uso de la licencia de maternidad, se llevó las manos a la cabeza. Y ya cuando le saqué los datos de la OCDE con las gráficas y todo, vio que iba en serio.

—No das puntada sin hilo.

Paro a un camarero y le pido otra michelada.

—¡Tenías que haber visto su cara! Y al pobrecito luego le acusaron de explotador. No sabes, me llegaban cartas anónimas al despacho ofreciéndome ayuda: la gente me veía en el ministerio con un bebé de una semana, ¡y pensaban que mi jefe no me quería dar la baja! Imagínate —me cuenta Elena entre risas.

—Supongo que, al descubrir que estabas ahí por decisión propia, te pondrían a caer de un burro.

En este punto me acuerdo de lo que le ocurrió a la política española Soraya Sáenz de Santamaría, que dio a luz poco antes de que su partido, el PP, ganara las elecciones generales. Cuando su hijo solo tenía diez días de vida, ella se reincorporó laboralmente y, un mes después, fue nombrada vicepresidenta del Gobierno. El aluvión de críticas fue abrumador. Recuerdo discutir el tema con personas muy cercanas, mujeres modernas, con hijos y con éxito profesional, que la tachaban de mala madre por *abandonar* a su bebé. Lo que yo pensé y sigo pensando es que, de haber hecho lo contrario, la habrían acusado de ser mala política e irresponsable.

—Dejemos ya de satanizar a la mujer que trabaja y al mismo tiempo educa a sus hijos —reclama Elena con vehemencia—. Cuando May tenía uno, dos o tres meses yo tenía que justificarme constantemente. Muchas amigas mías que encima son súper feministas me decían: «Yo creo que May debería estar en su casa» y yo les contestaba: «No, yo creo que May tiene que estar con su mamá que, además de ser mamá, quiere crecer profesionalmente». Así que May se adapta a mí y yo a ella. Y el día de mañana mi hija va a estar orgullosa de su madre, porque en estos meses no solo he demostrado que trabajo igual que antes, sino que soy mucho más productiva.

Me encanta la determinación de Elena, pero es evidente que ella es una privilegiada, tanto por su profesión como por su clase social. Lamentablemente, su realidad no es la de otras muchas mujeres, quienes, por las características de sus empleos, jamás podrían llevarse a sus hijos al lugar de trabajo. Por contrapartida, creo que de entre todas aquellas que tienen condiciones similares a las de Elena, muy pocas poseen tanta energía y fuerza de voluntad como ella. Lo que me parece sorprendente es que mi amiga mexicana pudiera seguir trabajando como si nada tan solo una semana después de traer a alguien a este mundo. Tras dar a luz es habitual tener dolores, padecer depresión posparto —aunque muchas lo oculten por vergüenza—, no dormir bien, sufrir al dar el pecho... ¿Cómo lo hizo ella?

—Afortunadamente yo me recuperé enseguida. Lo de la lactancia fue otra cosa. No es como en las películas de Hollywood, donde las actrices se enganchan al bebé y ya está. Nadie nos cuenta que amamantar es un verdadero sacrificio. ¡Y el sacaleches! Seguro que lo inventó un hombre, porque ninguna mujer en su sano juicio fabricaría algo tan doloroso como ese cacharro.

—O sea, que no diste mucho tiempo el pecho a May, ¿no?

—¡Todo lo contrario! Se lo sigo dando a día de hoy, que tiene ocho meses, y se lo daré hasta que ella se canse, como si es a los cuatro años. Me encanta tener ese lazo emocional y alimentario con mi hija. Nunca ha probado la fórmula láctea: ¿tú sabes lo terribles que son esos polvos, que llevan azúcar por un tubo? Yo quiero que mi hija crezca sana. —Hace una pausa para limpiarse la boca con la servilleta de tela —. Sé que hay muchas madres que no tienen más opción que recurrir a la leche en polvo y no lo juzgo: cada una tiene su historia particular. Pero yo me niego a darle a mi hija esa porquería.

—Pero, vamos a ver, Elena. Tú estás todo el día de reunión en reunión, y siempre con gente muy importante. ¿Cómo te apañas para darle el pecho?

—De la forma más natural posible. Siempre tengo a May a mi lado. Si veo que tiene hambre, me la coloco en la *chichi*, o en la teta como decís vosotros. Me tapo un poco con una mantita y ya está.

—Te estoy imaginando con la teta al aire rodeada de políticos —le digo riéndome tanto que casi se me sale la michelada por la nariz —. Me encantaría ver ese momento. ¿No te dicen nada?

—¡Uf! Tú no sabes cómo me miran algunos secretarios de Estado. Parece que estoy haciendo algo súper malo, cuando es todo lo contrario: estoy alimentando a un bebé. Pero ninguno se ha atrevido a decirme nada, ya saben el carácter que tengo.

Suelta ella también una carcajada. Esta amiga mía tiene un buen par de ovarios. Hay muchas mujeres a las que les da vergüenza dar el pecho en un sitio público. Ella va y lo hace en asambleas con los peces gordos de su país. Yo comparto su visión: ¿por qué hay que esconder algo que es completamente natural?

Seguimos comiendo mientras discutimos, sobre todo yo. Siempre que vengo aprovecho para comer lo que no encuentro en los restaurantes mexicanos de España, como la ensalada de nopales, que son hojas de cactus troceadas y aliñadas. Les ponen queso panela, cilantro, tomatito. ¡Qué rico! Lo que sí compartimos mexicanos y españoles, entre otras muchas cosas, son las comidas largas y con mucha sobremesa. Ésta es una razón más para que en México me sienta como en casa. Y aunque nosotras ya llevamos un par de horas sentadas, todavía quedan platos sin terminar.

—Ándale Vero, termínate esos taquitos al pastor.

—Si es que no puedo más, Elena. Me lo he comido todo yo sola, tú has probado el pescado y punto. Por qué no se lo das a May, que se está poniendo morada.

—Carne no, ya sabes que yo no la como nunca, y a ella tampoco le doy.

—Es alucinante cómo come con solo ocho meses —digo mientras acaricio la cabeza a la niña.

—El día que cumplió seis meses empecé a combinar el pecho con comida sólida, sin pasar por los purés.

—Yo no tengo ni idea, ¿pero eso no es muy pronto?

—Eso cree la gente, pero no. Ya sabes cómo soy de metódica y es un campo que he investigado muchísimo. Hace meses encontré un estudio de Harvard que habla del BLW, o Baby Led Weaning.

—*Wean* en inglés significa tanto destete como alimentar a base de sólidos, ¿no? —le consulto.

—Eso es. Y el BLW aglutina esas dos cosas: el camino para dejar de dar el pecho se hace introduciendo sólidos en la alimentación del bebé. En este método están vetadas las papillas, los batidos, las cremas y las cucharas: lo que comen lo agarran ellos mismos con sus manitas.

—¿Y no se atragantan?

—¿Tú has visto que May lo haya hecho alguna vez en este rato? Cuando empezó hace dos meses, alguna vez tosía un poco, pero como cualquier bebé cuando está aprendiendo a comer. La clave es que todo esté cortado en trocitos pequeños o que sean alimentos blanditos. En un plato le pongo varias cosas para que ella coma lo que le apetezca.

—¿Y por qué es eso mejor que darle un puré?

—Ay ,Vero, por muchas cosas. Punto número uno: el bebé juega con formas, olores, texturas, de manera que después de un par de veces, ya puede reconocer si lo que le gusta es el mango o la banana, porque recuerda cómo es físicamente eso que le da placer en el paladar.

—Claro, eso es imposible con una papilla porque está todo triturado.

—Efectivamente. Punto número dos —continúa Elena—: dice el estudio que con el BLW el niño aprende antes a ser consciente de cuándo está saciado y, por tanto, decide parar de comer *motu proprio*. A la larga, esto incide en un menor riesgo de obesidad.

—No me digas el punto número tres, porque de ese me he dado cuenta yo solita: el bebé puede estar sentado a la mesa con la familia como uno más.

—¡Exacto, Vero! Y, además, comiendo lo mismo que nosotros, pero en pequeñas dosis.

—Lo malo es que te deja el mantel hecho un cuadro de Picasso.

May ha plasmado una auténtica obra de arte en la tela utilizando la comida como pintura.

—Elías se enfada un montón porque la niña se pone perdida y no le gusta verla así, pero es normal. Tiene que jugar, toquetear, experimentar. Así es el Baby Led Weaning.

Elías es su marido, igual de encantador que Elena, pero por fortuna bastante más tranquilo. Forman una pareja curiosa, para empezar, porque él tiene treinta años más que ella.

—¿Cuándo viene Elías? —le pregunto a Elena.

—Me ha dicho que se une directamente en Chapultepec.

El bosque de Chapultepec es uno de mis lugares favoritos de la Ciudad de México. Aunque tengo tantos que la lista es interminable. Me encanta ponerme los auriculares, caminar al ritmo de mi último descubrimiento musical y perderme en el laberinto que componen sus ahuehuetes y secuoyas. Lo de perderme en ese bosque es algo literal; siempre que voy evito hacer planes para después porque, desde el momento en que decido irme, me cuesta una hora y media encontrar la salida. Lo bueno es que cada vez que voy descubro una nueva fuente o un nuevo árbol. Hoy no hay riesgo de pérdida porque voy a ir acompañada, aunque antes de eso tenemos que pagar la comida.

Elena nunca me deja invitar, así que esta vez me adelanto diciéndole que voy al servicio. En realidad, paso por la caja registradora para pedir la cuenta y pagar del tirón. Ella me regaña cuando se da cuenta, y yo le digo que deje de echarme la bronca y que se vaya al baño a lavar a May.

Cuando salimos, ya está su chófer esperándonos. Nos subimos al coche y Elena saca el sacaleches del bolso.

—El invento este del diablo. Aprovecho los trayectos en auto para utilizarlo. A veces la gente se me queda mirando desde la calle. Y mi chófer ya se conoce mis *chichis* de verlas por el retrovisor constantemente, ¿verdad Christian? —dice mirando hacia el conductor, que responde con una tímida sonrisilla.

Adoro Ciudad de México, pero el tráfico me resulta insoportable. Aunque el restaurante está muy cerca del parque, tardamos media hora en llegar, tiempo suficiente para que Elena llene la mitad del biberón. Al aparcar, Elías abre desde fuera una puerta del coche. Es un hombre alto, elegante, con ojos saltones y con un pelo espeso y ligeramente canoso. Primero levanta a su hija en brazos, se la come a besos, después ayuda a Elena a bajar del coche. Yo salgo por el otro lado y voy a la acera.

—¡Vero! Qué alegría verte. —Me rodea con el brazo en el que no está portando a May —. ¿De dónde vienes esta vez?

—He estado grabando en Tequila. Qué sitio más genuino: los señores con botas y sombreros de cowboy, las iglesias con luces de neón... —le cuento entusiasmada.

—¡Y el tequila! —me interrumpe mientras coloca a May en su carrito—. Porque alguno te habrás tomado, espero.

—Alguno sí. ¡Pocos porque aquí los servís en tamaño XXL y me da miedo! ¿Y tú qué? ¿Con qué estáis innovando ahora?

Mientras paseamos por el bosque, Elías me explica escuetamente el último proyecto que ha puesto en marcha. Elena puntualiza varias veces lo que dice para que yo lo entienda mejor. Si su marido no se explaya en exceso es por su enorme modestia. Es matemático con un doctorado en Oxford. Ahora trabaja como asesor de Ciencia del presidente de México, Enrique Peña Nieto, que fue precisamente quien le presentó a Elena. Lo que no sé es cómo sucedió todo exactamente y hoy me he propuesto averiguarlo.

—Elena me contó que fuiste tú el que lo orquestó todo para conocerla, ¿fue así?

—La verdad es esta —me dice—: en una ocasión coincidimos los dos en una reunión de gabinete. Yo tuve un flechazo con este *bellesón* que tienes delante. Así que me acerqué al oído del presidente Peña y le dije: «Esta chica me gustó».

—Desde entonces, de la nada me empezaron a invitar a reuniones en las que yo no tenía nada que ver —continúa su mujer—. Y yo me decía: ¡Qué raro que me requieran en estas juntas! Yo no quería ir porque eran un aburrimiento para mí. Y cuando no iba, me llamaba el secretario de Economía y me decía que me estaban esperando para empezar. Y yo pensaba, pero ¿por qué me esperan a mí?

—Yo te digo por qué —dice Elías —. En las reuniones yo estaba deseando que ella llegara porque me las había apañado para que Elena se sentara siempre enfrente de mí. —Me guiña un ojo mientras empuja el carrito.

—Y ahí es cuando tú te oliste algo, ¿no? —pregunto dirigiéndome a Elena.

—Tardé mucho en darme cuenta porque yo estaba a lo que tenía que estar, que era el trabajo. Pero, al final, creo que de tanto verle sentado frente a mí me empezó a gustar.

—¿Vuestras distintas edades nunca han sido un problema? En España no es muy común que en una pareja uno le saque treinta años al otro —les digo.

—Aquí tampoco es normal. Es raro socialmente, pero nunca nos ha supuesto un problema —asegura Elena—. Y entre nosotros tampoco. ¡Es que a mí siempre me han gustado las almas viejas! Mi vida es más rica con él, le adoro —dice mientras mira a su marido con ojos de quinceañera enamorada.

Y el fruto de ese amor es May, quien con un llanto desgarrador interrumpe repentinamente el relato de sus padres. Elena la saca del carrito y, con ella en brazos, camina unos metros rápidamente hasta encontrar un banco donde sentarse. El lugar, justo delante de uno de los lagos de Chapultepec, no puede ser más agradable.

—Mi vida, no llores. Ven aquí conmigo —le dice a la pequeña mientras la acomoda en su pecho.

Su esposo se sienta a su lado y yo me quedo de pie.

—Elías, ¿y qué opinas tú de que Elena no quisiera la baja de maternidad?

—Que está loca, pero eso ya lo sabes tú también. Hablando en serio: lo que hizo Elena es durísimo. Ahora bien, fue su decisión, muy propia de ella y de su carácter, por otro lado. La apoyé en su momento y la apoyo a día de hoy porque Elena lo lleva bien y la niña está constantemente bajo sus cuidados.

—Sería mucho más llevadero si tuviese una guardería en mi propio trabajo —dice Elena—. Eso es algo que ya han incorporado algunas empresas, que casualmente son las mejores. Y lo han hecho porque han entendido que cuanto más fácil se lo pongan a la madre, mejor trabajará ella.

—Estoy muy de acuerdo con eso, pero digo yo que algo tendrá que aportar también el padre, ¿no?

Miro fijamente a Elías, como pidiéndole una explicación.

—Te aseguro que hago todo lo que me deja Elena. Y si aquí tuviésemos una baja de paternidad decente, te juro que la habría disfrutado con gusto.

En México, los hombres que acaban de ser padres solo tienen cinco días de baja que no corren a cuenta del Estado, sino de la empresa. Muchos trabajadores ni siquiera la piden por miedo a quedar mal con sus empleadores. La duración de este permiso de solo cinco días está muy por debajo de la media de los países de la OCDE, que es de ocho semanas. Lo mismo ocurre con las madres, cuya baja tiene una duración de doce semanas, a diferencia de las dieciocho de media de la OCDE.

—No sé yo, Elías —le rebato—, actualmente en España a los padres se les otorga una baja de la misma duración que a las madres, que son dieciséis semanas. Sin embargo, conozco a muchos hombres que la han rechazado. Y te hablo de amigos míos, modernos y de mentalidad abierta.

—Y seguro que las mujeres de esos amigos tuyos han tomado la baja completa, ¿verdad? —pregunta Elena mientras sigue alimentando a su hija.

—Pues en algunos casos, sí —confirmo—. Porque querían estar con sus hijos y porque no les importaba que sus maridos estuvieran trabajando.

—¿Ves? Lo que te decía en la comida —comenta Elena—. Cuando una mujer es madre, su carrera se estanca y la de su marido asciende sin parar. Yo no digo que todo el mundo tenga que hacer lo mismo que yo, simplemente pienso que hay que ser un poco coherentes, que no podemos quejarnos de la desigualdad mientras participamos de ella. Lo idóneo sería que la madre estuviera de baja los seis primeros meses y después continuase el padre con su baja de otros seis meses.

—Vamos a ver, Vero. Vas a pensar que Elena tiene más ambición profesional que ganas de ser madre —puntualiza Elías—. Para que veas que no es así, voy a contarte que a mi esposa le han ofrecido presentarse a diputada las próximas elecciones y ha dicho que no.

Esto no lo sabía y me impresiona. Miro a Elena con los ojos bien abiertos para invitarle a que me explique un poco más el asunto. Ella comienza a hablar enseguida:

—He dicho que no porque no es el momento. May es muy pequeña y dentro de unos años quiero embarazarme otra vez. Ser madre es algo increíble, Vero. Es lo que más amo en el mundo. Y ahora quiero disfrutar este momento, pero sin dejar de sembrar. ¡Ya habrá tiempo para ser diputada!

—Fíjate que no me parece ninguna locura, ¿eh? —le digo—. Te veo hasta de presidenta del Gobierno, no te digo más.

—¡Y yo también me veo, o qué te crees!

—Lo que me faltaba —interviene Elías—. Esta mujer que ya gobierna mi vida, también gobernando el país. ¡De locos! Pero reconozco que es muy posible.

Abraza entonces a su mujer, que sigue con May enganchada en la teta.

No es nada descabellado. Una mujer inteligente, trabajadora, empoderada, rebelde, tenaz, transgresora y precursora: me la imagino perfectamente dirigiendo un país. ¿Quién sabe? Quizá Elena sea, dentro de unos años, la primera presidenta de México.

Me despido de mis amigos con la idea de verlos de nuevo al día siguiente, para comer con ellos en casa de la madre de Elena. Les dejo a los tres sentados en el banco y me voy a dar un paseo por el bosque. Cuando llevo ya un rato perdida entre secuoyas, me paro a pensar en lo mucho que admiro a Elena. Su actitud puede parecer una locura a ojos de muchos, pero yo no puedo evitar hacerme algunas preguntas: ¿qué pensaba la sociedad de aquellas jóvenes que se empeñaron en ir a la universidad cuando estudiar era solo cosa de hombres?, ¿qué se decía de las primeras mujeres que, además de estudiar, quisieron trabajar?, ¿qué se comentaba sobre las que, pese a tener hijos, optaron por mantener su empleo? Seguramente sufrieron críticas y fueron tachadas de malas madres o de malas esposas. Sin embargo, hoy, gracias a ellas mujeres como yo podemos elegir en libertad lo que queremos hacer con nuestro tiempo y con nuestra vida. Aunque actualmente no hay mucha gente capaz de entender la visión de Elena, quizá, en unos años, gracias a ella, esa forma de actuar se convierta en una realidad socialmente aceptada con total naturalidad.

10

ISABEL Y LA CULTURA

¡Madre de dios, vaya viajecito! Esto no han sido turbulencias, ¡ha sido un huracán! La avioneta en la que hemos venido es tan pequeña que parece de juguete. Solo tiene capacidad para nueve pasajeros, de los cuales casi muere de infarto la mitad. Este vuelo de cuarenta y cinco minutos desde Ciudad de Panamá es el único medio para llegar al paradisiaco lugar que he elegido para mis vacaciones. Menos mal que ya hemos aterrizado. A ambos lados de la avioneta, solo vegetación; enfrente, el Caribe panameño.

Mi mochila pesa poco: llevo pareos, bañadores, líquido de lentillas y poco más. Al bajar las escaleras, en la misma pista veo a un joven nativo de piel morena que sostiene un cartel con el nombre de mi alojamiento. Domi —que así se llama— me pide que le siga hasta a una lancha que se encuentra en la orilla a pocos metros de allí. Una vez a bordo, me quito las chanclas que no pienso volver a calzarme en los tres días posteriores.

Mi destino final supera todas mis expectativas. Se trata de una pequeña isla que resalta en medio del agua por el verde tan intenso del césped que cubre su superficie. ¡Parece una imagen falseada con Photoshop! En el interior hay unas cuantas palmeras muy delgadas y tremendamente altas, y todo el contorno está delimitado por nueve cabañas de madera. La isla cuenta con una pequeña playa de arena blanca con un par de troncos abandonados y... ¡nada más! Es lo que ahora se conoce como *ecohotel*, o lo que es lo mismo, un alojamiento sostenible que no genera ningún impacto negativo en el medio ambiente, sino que va en sintonía con el entorno.

Domi es quien me guía hasta la que será mi casa estos días. Para llegar recorremos una larga pasarela por encima del agua. Y es que mi cabaña está construida sobre el mar. La puerta no tiene llave o, si la hay, yo la olvido en un rincón y no la uso en ningún momento durante mi estancia. Tengo la sensación de que nada malo puede ocurrirme en un sitio así. La cabaña tiene forma octogonal y está hecha únicamente de madera y ramas de palmera. La cama, con un dosel que funciona como mosquitera, está situada bajo un techo de paja. También hay un baño con una ducha enmarcada por paredes de caña. Una puerta conduce a un balcón que rodea toda la cabaña, donde hay una hamaca colgada.

—Aquí va a dormir usted muy bien, señorita, mecida por las olas del mar —me dice Domi tras enseñarme la habitación—. Tiene tiempo para descansar o darse una ducha antes del desayuno. Se servirá dentro de veinte minutos en la cabaña grande.

En este *ecolodge* hay una hora específica para desayunar, comer y cenar. Dos veces al día se organizan excursiones opcionales a las islas aledañas. El resto del tiempo el plan consiste en relajarse, dejarse envolver por las vistas y dedicarse al *dolce far niente*.

Tras deshacer la maleta camino descalza hasta el restaurante, atraída por un rico aroma a comida. Por lo que veo, somos pocos huéspedes en el hotel. No hay más de cuatro mesas montadas para el desayuno. Me siento en una de las que están más pegadas al mar. Mientras saboreo un plato de piña fresca que me sirve una chica indígena que lleva ropa muy colorida, se acerca a mí una mujer de unos sesenta y cinco años, vestida con pantalones y camisa de lino. Yo diría que trabaja aquí, porque la he visto pasar por algunas mesas saludando a los comensales. Tiene la piel clara y el pelo corto y canoso.

—Bienvenida. Soy Isabel. ¿Qué tal la cabaña? ¿Todo bien? —me pregunta.

Noto por su acento que no es panameña, pero sí hispanohablante.

—Sí, perfecto, gracias. Esto es increíble. ¿De dónde eres? —pregunto.

—Soy española, de Toledo. Pero llevo aquí más de cuarenta años —me explica ella, como para justificar su extraño acento, mezcla del de ambos países—. Cuando era jovencita me enamoré de un hombre indígena y me vine a vivir a Panamá.

Isabel no lo sabe, pero acaba de cometer una tremenda equivocación: ha despertado mi curiosidad insaciable y ha abierto la puerta a mis infinitas preguntas. Al principio aguanta mi tercer grado de pie junto a mi mesa, pero después de un rato termina por sentarse conmigo para seguir la conversación. Supongo que eso significa que está a gusto. O, quizá, que le estoy dando tal paliza que la he dejado exhausta. No importa el motivo, el caso es que se suelta y me cuenta que ella y su familia son los propietarios de este hotelito. Conoció a su marido en Madrid, cuando ambos eran estudiantes. ¿Un indígena viviendo en España en los setenta? ¡Vaya sorpresa más interesante!

—Mi marido, Esteban, nació y creció aquí, en una comunidad de estas islitas. Era un niño muy listo y recibió una beca de los hermanos claretianos para estudiar —me cuenta Isabel mientras yo sigo comiendo piña—. Fue uno de los primeros indígenas de la etnia guna yala que se trasladó a la ciudad para formarse. Primero terminó los estudios de Filosofía y Letras en Panamá y ya con treinta años se fue a Madrid a hacer una tesis sobre la organización social y política del pueblo nativo guna yala. Por entonces yo no era más que una pipiola que estaba empezando la carrera de Pedagogía. Un día nos presentó una amiga común y nos caímos bien. No sé cómo se las apañó para encontrar mi dirección y enviarme una carta para quedar más veces. Así fue como empezamos a salir. Íbamos a la filmoteca nacional, a Ciudad Universitaria a ver obras de teatro, teníamos charlas muy interesantes y me gustaba escucharle hablar de su comunidad. A los pocos meses nos fuimos a vivir juntos a Lavapiés y muy pronto me quedé embarazada. Esto era en el año setenta y seis.

—Y no estabais casados, claro. Época complicada para esto, recién terminada la dictadura franquista.

—¡Imagínate! Yo trabajaba en un colegio y me despidieron por indecente. Para ellos era inconcebible que yo tuviese un hijo sin estar casada. Mis padres no lo vivieron tan de cerca porque ellos habían emigrado hacía muchos años a Alemania. Mi padre trabajaba en una fábrica y mi madre de limpiadora, pero mis hermanas me apoyaron mucho. Siempre hemos estado muy unidas.

La camarera nos interrumpe con un gesto dulce para depositar sobre la mesa una jarra con café, unos huevos revueltos y otra comida que no reconozco.

—¡Muchas gracias! ¿Y esto qué es? —le pregunto a Isabel.

—Fruta de pan. Está frita. Pruébala, es algo especial —me dice.

—Uy, no parece una fruta —comento nada más probarla—. Es un híbrido entre la yuca y la patata asada...
Me gusta. ¿Fruta de pan se llama?

—Sí. Como aquí no hay pan, se utiliza mucho. Bueno,
como te contaba, nuestra hija nació en Madrid y cuando
Esteban terminó la tesis nos vinimos a Panamá. Aquello
sí que fue duro. No teníamos trabajo ninguno de los dos,
vivíamos con una beca que le dieron a él, pero era poquísimo dinero. Por eso decidimos que Esteban se quedaría
en Panamá capital buscando empleo y yo me vendría aquí
con la niña, a vivir con mi suegra en una de estas islas. La
excursión planeada para dentro de un rato es justo a la
comunidad donde estaba su casa. —Se pone en pie—. Te
dejo desayunar tranquila y luego te la enseño.

Me quedo terminándome el desayuno con muchas
ganas de que llegue la salida prevista. Solo me ha contado el comienzo y ya estoy enganchada a su historia: una
española que con veinte años deja su tierra natal para
venirse a una comunidad y... ¡vivir con su suegra indígena! ¡Apasionante! Poco después, ya desde la cabaña, escucho el ruido de una corneta o algo parecido. Resulta
que es Domi haciendo sonar una caracola para avisar
de que la lancha zarpará en breve.

Además de Isabel y Domi —que es el patrón del barco— embarcamos únicamente tres huéspedes más. ¡Qué
maravilloso es navegar por este sitio! Se trata del archipiélago de San Blas. En total está formado por 365 islas
de origen coralino —una para cada día del año según
dicen—, todas ellas prácticamente vírgenes. Únicamente
unas cincuenta están habitadas. Pertenece a la región de
Guna Yala, formada por este archipiélago y una porción

de selva que se extiende a lo largo de trescientos cincuenta kilómetros por el norte de Panamá. El archipiélago no está sobreexplotado turísticamente porque así lo han querido precisamente sus habitantes, los miembros de la comunidad guna yala. Es uno de los pueblos indígenas que mejor han logrado preservar su autogobierno y su cultura. Pese a las constantes ofertas de grandes cadenas hoteleras, han renunciado al dinero para poder conservar el control sobre todo lo que se hace y deshace en sus tierras. Son ellos mismos quienes explotan el turismo de San Blas que, dado su estilo rústico y exento de lujos, no es para todo el mundo.

En un viaje anterior tuve la suerte de conocer el oeste del archipiélago, que probablemente sea el área más popular y la más visitada. Lo hice a bordo de un velero, navegando entre islas de todo tipo. Por un lado, están aquellas en las que viven los propios gunas, sin playas, llenas de chozas y casas bajitas. Las destinadas al turismo únicamente tienen *bungalows*, cabañas o hamacas colgadas. Pero las más impresionantes son las que están desiertas. Unas son un banco de arena blanca con una única palmera situada en el centro. Otras están llenas de cocoteros. También las hay que son puro manglar, completamente impenetrables. Y todas, por supuesto, están bañadas por las características aguas turquesas y cristalinas del mar Caribe.

En esta ocasión quiero explorar la zona más retirada, situada en la parte este del archipiélago, con intención de gozar de la paz del lugar sin cámaras, sin maquillaje, sin cobertura y sin internet, pero con la mejor anfitriona posible.

La isla a la que Isabel me lleva de excursión es muy diferente a aquella donde estoy alojada. Está completamente ocupada por las viviendas, sin que haya ni siquiera una pequeña playa. Las cabañas de madera se mezclan con casas de la misma altura pintadas de colores vivos. No hay calles propiamente dichas y el suelo es de tierra. Las mujeres van vestidas con molas, unas telas de colores típicas de la etnia guna yala. Los niños se nos acercan al ver que somos extranjeros. Como en muchas otras zonas del planeta con pocos recursos, los críos están acostumbrados a pedir dinero a los turistas. Para estos casos siempre llevo en la mochila pinturas de colores y bolis para repartir. Después de caminar un rato por en medio del laberinto de chozas, Isabel se detiene frente a una de ellas.

—Esta era la casa de mi suegra, donde yo me instalé con mi hija a los pocos meses de llegar —me explica—. Ahora tiene una estructura un poco más sólida, pero antes tenía las paredes de caña, el suelo de tierra y el techo hecho de hojas de guágara, una palmera autóctona. No había ni camas, se dormía en hamacas, y tampoco electricidad, claro. Lo que teníamos eran lámparas de queroseno.

—¿Y había baño?

—No sé si se le puede llamar así. El baño era un pequeño chamizo construido sobre el mar, que tenía un agujero en el suelo que daba directamente al agua.

—Una letrina con salida directa al mar, vaya —digo.

Este desagradable sistema ya lo he visto antes en otras partes del mundo.

—Eso es. Y luego veías ahí todo flotando —cuenta con cara de asco y riéndose—. Ellos se limpiaban con agua, pero yo usaba papel.

—Vaya experiencia, Isabel. Y vaya choque cultural. A mí me haría gracia una durante una semana, pero tanto tiempo... no sé yo.

—Yo ya venía preparada porque Esteban me había hablado mucho sobre la cultura guna yala. Traté de acomodarme rápidamente y no me costó, para mí era como una aventura. Todo me llamaba la atención, escribí un diario con todo lo que veía y sentía. Ahora no volvería a hacerlo ni loca, pero a esa edad todo era un descubrimiento para mí.

Ella se quita méritos, pero conozco a muchas personas que con veinte o treinta años no han ido a un hostal en su vida. Como para vivir en una cabaña sin electricidad y haciendo sus necesidades en un agujero. ¡Y sin móvil!

—Encima estabas aquí con un bebé y sin Esteban, la persona por la que habías cruzado el charco para cambiar de vida. ¿Qué tal con su madre, por cierto? Vaya papelón —me atrevo a decir entre risas—. Irte a vivir con tu suegra, a la que no conoces, que encima es de otra etnia...

—¡Y que además no entiende ni una palabra de español! —añade ella—. La mujer solo hablaba guna y tenía que hacernos de intérprete un nieto suyo que vivía con nosotras. La verdad es que nos llevábamos fatal. Solo cocinaba ella, y las pocas veces que me dejaba a mí, criticaba todo lo que hacía. Lo único que le gustaba de mí era su nieta, a la que adoraba.

Continuamos nuestro paseo y atravesamos una pequeña plaza, por denominarlo de alguna forma, donde hay varias señoras sentadas hablando. Al ver a Isabel, algunas de ellas se levantan a abrazarla. Ella les corresponde, les dice unas cuantas palabras en guna mientras con las manos toquetea los brazos de las mujeres que la rodean. Son todas bajitas y tienen rasgos muy particulares, con la piel de color café. Todas llevan el pelo corto, negro y con flequillo, tapado con pañuelos de colores en algunos casos. Tienen los ojos pequeños y muy oscuros, y sus narices son alargadas y algo chatas, muchas las llevan perforadas con un aro en medio de ambas fosas nasales. Venden bolsos y camisas hechas por ellas con las mismas telas que llevan puestas. Aprovecho el tiempo que Isabel está de charla para comprar un par de regalos para mis amigas.

—Veo que te llevas muy bien con todos —comento yo cuando retomamos el camino—. ¿También era así al principio? Supongo que les resultaría extraño tener entre ellos a una blanca.

—Los gunas son muy acogedores siempre y cuando tú les respetes. Era yo quien debía acostumbrarme a ellos. Yo estaba viviendo en un mundo distinto al que conocía y me esforcé en entenderlo. Aquí organizan un congreso diario para hablar de los problemas de la comunidad, y yo no me perdía ninguno. Los que participaban hablaban en guna y yo no entendía ni una palabra, pero me hice amiga de uno de ellos que me lo traducía simultáneamente.

—¿Y tú participabas? ¿Te tenían en cuenta?

—Más bien me vacilaban. Recuerdo que me decían: «Hace siglos venían los españoles y se llevaban a las indígenas; ahora se fue un guna para allá y se trajo a una española». Y yo, para seguirles la corriente, contestaba: «No, qué va, no os habéis enterado de que yo he venido a hacer la Reconquista». —Se ríe—. Yo quería aprender la lengua guna, pero era algo difícil, porque quienes sabían español eran sobre todo los hombres, y quedar con un hombre estaba mal visto porque se generaban cotilleos y bulos absurdos. Así que avanzaba lo que podía con las mujeres, que se reían mucho de mí porque hablaba fatal. Pero bueno, me recibieron muy bien.

Cómo no la iban a acoger bien, si se sumergió en su cultura y trató de integrarse por completo nada más llegar. Y esa experiencia le llenó tanto, que a partir de ese momento el rumbo de su vida profesional cambió. Cuando su marido, Esteban, encontró empleo en la ciudad de Panamá, ella se mudó allí con él para empezar de cero. Estudió la licenciatura de Economía en la universidad nocturna. Durante el día trabajaba para aportar un sueldo más a la familia, que no iba a tardar en crecer. Desde ese momento hasta hoy en día, su carrera profesional ha estado orientada a mejorar las condiciones de vida de los indígenas de Panamá.

—Al mezclarme tanto con ellos, tomé conciencia de hasta qué punto el gobierno y el resto de la población los trataban con total indiferencia —me explica—. Me propuse hacer de nexo entre las dos partes, tratar de mostrar la mentalidad guna yala en la ciudad para que fuese comprendida. Trabajé como consultora en varios organismos internacionales, como el Instituto Interamericano de Cooperación para la Agricultura, donde era responsable del desarrollo de estas comunidades. También estuve en una ONG y monté una fundación para crear microempresas de profesionales indígenas que de otro modo no tendrían ninguna oportunidad.

Regresamos al hotel a la hora de comer. Esta vez elijo una mesa con vistas a la imponente cordillera de San Blas. El restaurante no tiene carta: el menú se compone cada día con lo que está disponible en el entorno. Frutas como plátanos, mangos, fruta de pan o uvas de playa; tubérculos como la yuca y el ñame; pescados como el pargo rojo o la cojinúa; y mariscos como las caracolas, el cangrejo o la langosta, que es precisamente lo que me traen. Viene abierta por la mitad y acompañada con unas verduras salteadas y arroz blanco. Para maridarlo, pido una Balboa —cerveza nacional— bien fresquita.

Después de una siesta a la sombra en la hamaca de mi cabaña me despierta el sonido grave de la caracola de Domi, que anuncia una excursión a los manglares. Conviene embadurnarse bien de repelente para los mosquitos. Aunque Isabel se los conoce de memoria, la he convencido para que venga conmigo. Me muero de ganas de que siga contándome su vida.

Navegando en la lancha a motor nos adentramos entre los mangles, esos árboles enraizados en el mar que se entrelazan entre sí en la superficie, formando un túnel por el que nos movemos nosotros muy lentamente. Los manglares siempre me han parecido lugares enigmáticos, envueltos en un halo de misterio. Vemos distintos tipos de aves a nuestro paso, la vegetación se va volviendo cada vez más tupida, hasta que no deja más que un estrecho pasillo por el que seguimos navegando.

—Este manglar siempre me ha recordado al Darién —dice Isabel en voz baja.

Se refiere a la selva del Darién, una de las más peligrosas del mundo, tanto por los jaguares y las serpientes que la habitan como por los narcotraficantes que la transitan aprovechando su carácter fronterizo entre Panamá y Colombia.

—¿Perdón? ¿Dices que has estado en el Darién? —le pregunto yo, que he escuchado a menudo lo arriesgado que es entrar ahí y que muy poca gente se atreve a hacerlo.

—Sí, con nuestra fundación dimos apoyo a tres grupos distintos de indígenas; entre otros los Emberá del Darién. El objetivo era ayudarles a legalizar las tierras para que pudieran obtener la propiedad de las mismas. ¡Y lo logramos! —me cuenta—. Esto me llevó a recorrer gran parte de la selva con el propósito de conocer a las distintas comunidades. Íbamos allí con mucha frecuencia, y llevábamos cada uno una hamaca para engancharla entre dos palos cuando llegaba la hora de dormir.

—¿Y nunca te pasó nada? Yo estuve investigando si se podía visitar y, al leer lo peligroso que era, lo descarté.

—Por suerte, mi área de trabajo no era la más pegada a Colombia, que es donde hay más secuestros. Solo me acerqué a esa zona en una ocasión y unos policías me disuadieron de continuar el camino. Mis problemas en el Darién han sido, más bien, de índole... natural —explica Isabel—. En una ocasión, en la época de lluvias, tuvimos que hacer el camino a caballo a causa de los lodos. Cuando llegamos a la orilla del río resultó que estaba inundado, con lo que tuvimos que dejar los caballos y subirnos en una canoa para cruzarlo. Pues bien, la corriente era tan fuerte que el bote se dio la vuelta. ¡Yo no sé nadar! ¡Casi me ahogo! Menos mal que Esteban me empujó hasta una islita que había en medio del cauce del río. Perdimos cámaras, papeles, mochilas... de todo.

—¡Guau!, ¡qué momento! Y yo que me creía aventurera... —le digo—. ¿Entonces siempre ibas con Esteban? ¿Con quién se quedaban los niños?

—Esteban tenía su empleo. Durante unos años le nombraron gobernador de la comunidad guna yala. También trabajó con el gobierno panameño en el área de desarrollo de las comunidades indígenas. Y precisamente por eso, alguna vez tenía que ir a visitar los mismos lugares que yo. En general, era él quien se quedaba con los niños, que ya por entonces eran tres, y cuando él estaba trabajando y yo de viaje, nos echaba un cable su sobrina.

¡Vaya mujer todoterreno! Qué valentía, qué entrega y qué capacidad de llegar a todo. Y a su marido también hay que reconocerle sus méritos. En la cultura guna, la máxima autoridad de la casa es el hombre y es él quien toma las decisiones importantes. Cuando Isabel se mudó a la comunidad, además, lo tradicional era que la mujer no trabajase y se dedicase al hogar. Esteban, sin embargo, supo dejar atrás los valores patriarcales de su etnia y apoyar a su esposa para que ambos pudieran alcanzar sus metas profesionales, aunque eso implicara quedarse a cargo de los niños mientras Isabel no estaba en casa.

—Viviendo en Panamá y viajando tanto, ¿has podido transmitirles a tus hijos algo de tus propias raíces? —le pregunto.

—¡Hombre, claro! Para empezar, los hemos criado en una familia *a la española*. Entre los gunas, lo común es que, al casarse, el hombre se vaya a vivir a casa de sus suegros con su mujer. Nosotros, después de la etapa inicial, hemos vivido los cinco solos en una casa para nosotros, donde siempre ha existido la igualdad. Mis dos hijas mujeres han estudiado y ahora tienen sus trabajos.

—¿Conocen España?

—La conocen muy bien. Cuando vivían mis padres viajábamos a Madrid a verlos todos los años. A día de hoy mis hijos siguen yendo a ver a mis hermanas de vez en cuando. Adoran la tortilla y me piden que les haga cocido cada dos por tres.

Isabel detiene la conversación para darme unas gafas de bucear y un tubo de esnórquel. No me he dado ni cuenta de que ya hemos salido del manglar y estamos cerca de otra isla de aguas transparentes.

—Aquí vamos a parar para que podáis bucear un rato —anuncia Domi, acercándose a la orilla para atracar la lancha—. Mirad ahí. —Señala con el dedo en dirección al fondo marino, que está solo a metro y medio de la superficie y se aprecia con una claridad espectacular.

Me quito el caftán que llevo puesto y me tiro al agua de inmediato. Me coloco las gafas para observar la infinidad de estrellas de mar que hay sobre la arena blanca. Son brillantes, naranjas y con un cuerpo mucho más grueso que el de las estrellas que he visto en otros océanos. Cojo aire y me zambullo para observarlas más de cerca. Curioseo también entre los corales y me detengo a mirar los pececillos de colores que nadan por ahí. Cuando ya tengo los dedos como pasas, me tumbo en la orilla y me rebozo para sentir el calor de la arena en mi piel. ¡Qué paz! Me siento como si me hubiera tomado un lexatín. Al rato llega Isabel y, con los pantalones de lino remangados, se sienta a mi lado. Me incorporo para hablar con ella:

—Esto es un paraíso, Isabel. He llegado esta mañana y ya he desconectado de todo. Qué lugar más agradable y qué bien lo tenéis montado.

—Todo surgió por casualidad —asegura ella—. Nosotros teníamos nuestra propia casa en la comunidad a la que hemos ido esta mañana, pero era un poco incómodo. Allí la gente se levanta muy pronto y es imposible descansar. Un día le dije a Esteban de broma: «No habrá un huequito en otra isla que podamos comprar para montarnos una cabañita ahí», y fíjate que al poco tiempo lo encontró. Le vendieron una parcelita de esa isla que tienes enfrente. —Señala al islote donde está el hotel, justo delante de nosotras.

—Los dueños de la finca eran gunas, imagino.

—Claro, en esta comarca el territorio está únicamente en manos de personas pertenecientes a la etnia guna. Las transacciones de compraventa solo se pueden efectuar entre ellos. Por eso yo nunca he podido adquirir nada a mi nombre. Y después de la primera parcela, fuimos comprando poco a poco las de los demás dueños, hasta hacernos con toda la isla para nosotros. —Irradia una mezcla de orgullo y gratitud—. La primera cabaña la pusimos en el noventa y nueve. Estaba justo en el centro del islote. Recuerdo que la estrenamos una Nochevieja con los niños y unos amigos. Se lo pasaron tan bien que nos propusieron construir más cabañas para que pudieran venir más a menudo. Y el resultado lo tienes ante ti.

—¿Desde entonces te dedicas únicamente al hotel?

—Los primeros años lo estuve compatibilizando con la fundación y con mi trabajo de consultoría. Hace poco decidí dejar todo lo demás para centrarme en esto. El negocio lo llevamos entre mis tres hijos, Esteban y yo. Cada uno tiene una tarea y nos turnamos para venir. Aparte, está la gente que tenemos en plantilla, claro.

—Qué rabia. ¿No voy a conocer al famoso Esteban? —le pregunto.

—Me temo que tendrás que volver en otra ocasión... Esta semana está en la ciudad.

—¡Ojalá pueda volver! Y así conozco a tus hijos también. Qué bonito, por cierto, que estén implicados en esto y no hayan perdido sus raíces guna yala.

—Ni mis hijos, ¡ni mis nietas! La mayor sabe muchísimo de todas las etnias indígenas, corrige hasta a sus profesores —afirma Isabel, mientras introduce los dedos de los pies en la arena—. El vínculo guna yala es inquebrantable. Actualmente el 60% de ellos vive en la ciudad, pero ninguno de ellos rompe nunca sus lazos con la comunidad. Es más, procuran ayudar en todo lo posible, como Esteban al crear nuestro hotel.

—¿A qué te refieres?

—El propósito del *lodge* es contribuir al crecimiento económico de la comunidad guna yala. Por un lado, generando empleo, porque tenemos a quince personas trabajando en el hotel. Por otro, a través de las compras que hacen los turistas que llevamos a conocer la comunidad. Esteban siempre se esforzará para mejorar la calidad de vida de los suyos.

—Y aunque tú no seas guna yala, es evidente que, igual que tu marido, te has dejado la piel por el mismo motivo.

—Por supuesto. Este es mi mundo y siempre haré lo que esté en mi mano para apoyarlo.

La historia de Isabel me conmueve. No le bastó con cambiarse de continente para integrarse en una comunidad indígena en una época en la que no había ni ordenadores. Además, decidió entregar su vida a una causa, en principio, completamente ajena a ella. Podría haberse limitado a apoyar a su marido, pero decidió adoptar su cultura sin que nadie se lo pidiera y trabajar para conseguir mejores condiciones para los indígenas. No solo para la comunidad de Esteban, sino para muchas otras de Panamá, recorriendo la jungla y consiguiendo, al mismo tiempo, mantener unida a su familia.

—Isabel, me quito el sombrero. ¡Vaya vida la tuya!

—Parafraseando a Neruda: confieso que he vivido —me responde—. Y lo más importante: he disfrutado de cada instante. Porque si algo me han enseñado los gunas es que la vida hay que tomársela con calma. El hoy es lo único que importa. Mañana, ya veremos. —Se tumba sobre la arena caliente, tal y como estaba yo al principio de nuestra conversación—. Después de los tres días que vas a pasar aquí, comprenderás lo que te estoy diciendo.

Me recuesto hacia atrás, apoyo la nuca entre mis manos entrelazadas, miro a mi alrededor y digo:

—Sí..., creo que ya he empezado a entenderlo.

11

LEO Y EL CARÁCTER

Mis compañeros de la tele me llaman *Lady Market* porque cuando vamos a grabar a un mercado los ojos me hacen chiribitas. Entre puestos de frutas, carne y pescado me muevo como pez en el agua. No importa que estemos en Bangkok o en Finlandia: yo me pongo a hablar con los tenderos para que me ilustren con su conocimiento de los productos. De dónde viene esta fruta, cómo se llama este pescado, a qué sabe aquel tubérculo... Les pregunto de todo y ellos suelen darme la prueba para satisfacer mi curiosidad. Como consecuencia, suelo salir del mercado un par de horas después y con el estómago tan lleno como si acabara de meterme entre pecho y espalda un menú degustación de doce pases. Los mercados son, además, uno de los primeros sitios que visito al llegar a una ciudad, ya sea por trabajo o por ocio, porque los considero una gran fuente de información sociodemográfica. Un mercado revela si los habitantes de ese país son madrugadores o nocturnos, generosos o tacaños, sociables o introvertidos, ricos o pobres... Para mí, conocer una cultura pasa por ir al mercado. Por eso he venido al de Paloquemao, uno de los más populares de Bogotá, capital del país más biodiverso del mundo por metro cuadrado. La geografía de Colombia se compone de selvas, playas, cordilleras, desiertos y hasta sabana tropical; una heterogeneidad que tiene su fiel reflejo en la gastronomía, y en este mercado.

Hay pasillos y pasillos de frutas y verduras de todos los colores, perfectamente ordenados, provocándome un auténtico placer visual. Mientras espero a que llegue la persona que va a enseñarme el mercado, empiezo a merodear por los puestos y me doy cuenta de que no conozco la mitad de los alimentos que veo. Uno parece un tronco de árbol, otro es como un pimiento deforme, también hay una especie de naranja de piel lisa... Estoy hablando con un comerciante cuando noto que alguien me aprieta el brazo.

Es ella: Leonor Espinosa, una de las mejores chefs del mundo. La reconozco porque la he visto en mil fotos y vídeos. Tiene un estilo muy característico, muy suyo, que es moderno a la par que masculino. Lleva una camisa holgada, sus llamativas gafas de pasta negra y forma cuadrada, múltiples pendientes en las orejas, un piercing en la nariz, otro en la ceja, y algunos tatuajes finos en la muñeca y en los dedos de las manos. No aparenta los cincuenta y cinco años que tiene ni por su *look*, ni por la piel blanca de su cara, llena de pecas que se extienden hasta los brazos. Tiene un peculiar rostro que me resulta cautivador y exótico con sus labios carnosos, su nariz chata y su cabello pelirrojo. Leo es muy conocida en Bogotá. No solo es una de las mayores representantes de la gastronomía colombiana, sino que también sale a menudo por televisión, en ocasiones incluso por el mismo canal que emite mis programas en Latinoamérica. Intuyo que el hecho de que seamos medio compañeras de trabajo es la razón por la que ha buscado un hueco en su apretada agenda para quedar conmigo.

—¡Leo! Por fin nos conocemos, tenía muchas ganas —le digo entusiasmada, a la vez que la abrazo con calidez.

—Igualmente, Vero. Bienvenida a Colombia. Entras por la puerta grande, este mercado es una delicia —me contesta.

Si entro por la puerta grande no es solo por Paloquemao, sino porque vengo acompañada por ella, que es una
de las personas que mejor conoce la materia prima de la
cocina colombiana. Además, solo he necesitado unos minutos para descubrir a la Leo de verdad: la Leo que está
bajo el aura de *rockstar* que envuelve a los cocineros de
nuestra época. Es de esas personas con tanta personalidad
que no te dejan indiferente: o te enamoras de ellas o no
las soportas. A mí me conquista de inmediato porque Leo
es provocativa, con carácter, directa y franca. Pese a todo,
pienso que parte de su seguridad puede ser una coraza
tras la que esconde una sensibilidad extraordinaria. También me resulta una mujer muy divertida, y creo que le
hacen gracia mis reacciones al ver algunos alimentos in-
usuales para mí.

—¿Esto qué es, Leo? —Cojo una fruta extrañísima,
verde y con pinchos—. ¡Es como dos veces el tamaño de
mi cabeza! Cómo pesa, madre mía.

—Se llama guanábana y es una fruta muy sexi —responde con cara de pilla.

—¿Cómo que muy sexi? Esto tan grande y con tanta
púa es de todo menos sexi, ¡parece un arma de destruc-
ción masiva! —exclamo.

—¡Ja, ja, ja! Por fuera no es bonita, pero por dentro
es muy seductora. Pruébala.

Mientras el tendero abre la enorme fruta para nosotras y extrae unos pedazos del interior, me acuerdo de
que Leo, antes de ser cocinera, se dedicaba al mundo del
arte. Me imagino que por eso percibe que la guanábana
es una fruta sensual. Le pido que me hable de su pasado
artístico.

—Mis inicios en la gastronomía fueron bastante tardíos. Debía de tener unos treinta y cinco. Yo estudié primero Economía y luego Bellas Artes, y me dediqué a esto último durante mucho tiempo. Bueno, en realidad me sigo dedicando a ello, porque los artistas manifestamos expresiones de acuerdo con nuestras vivencias, y ahora lo hago a través de la cocina.

—¿Y qué tipo de arte hacías antes? —le pregunto, al tiempo que cojo el trozo de fruta que me está ofreciendo el comerciante— ¡Qué bueno! Es dulce y ácido a la vez, y muy suave en el paladar.

—¿Ves como es sexi? —Suelta una nueva carcajada—. Siempre me ha gustado mucho el arte erótico porque a mí me fascina provocar y llevar la contraria. En una de mis obras, por ejemplo, me travestí de hombre para entrar al baño masculino de un cine porno. Tenía curiosidad por ver qué pasaba ahí. Lo hice durante mucho tiempo, y cuando me pillaron, me quitaron la cinta de lo que había grabado y casi me linchan. Otra vez hice un libro forrado en piel de cerdo que contenía imágenes de vírgenes muy eróticas.

—¿Y ese componente de sensualidad y transgresión se aprecia de alguna forma en tu cocina?

—Cuando en 2005 abrí mi restaurante, cada uno de los baños estaba destapado por arriba y lo que ocurría dentro se reflejaba en el techo, que era de vidrio. No se veía con total nitidez, pero se intuían ciertas imágenes interesantes. Ese tipo de juegos siempre me han gustado... —relata Leo después de tragar la guanábana.

—Habría muchos de tus clientes a los que no les gustaría nada ir al baño... — digo entre risas.

—Seguramente, pero porque no sabrían distinguir lo erótico de lo burdo —dice mientras retomamos nuestro paseo por el mercado—. A mí me gusta la sensualidad, pero rehúyo completamente de la vulgaridad. Me molesta vivir en un país donde impera el estereotipo de mujer grotesca que impusieron los narcotraficantes.

—No te sigo. ¿A qué te refieres? —le pregunto, al tiempo que atravesamos un pasillo con más de trescientas variedades de patatas.

—Los narcos en Colombia compraban literalmente a las mujeres. Cualquiera que les gustase aceptaba irse con ellos porque la ponían a vivir en un paraíso y su situación económica mejoraba drásticamente. La prostitución creció con estos personajes que venían de la nada y de repente podían conseguir a cualquier mujer que quisieran. Así convirtieron a la mujer en un objeto. ¿Y qué tipo de canon les atrae a los narcotraficantes? Las culonas, tetonas, exuberantes y con labios *así* de gordos —dice Leo sacando los morros.

—Es cierto que las colombianas tienen fama de ser explosivas, pero nunca pensé que tuviera relación con los narcos —reconozco yo, cogiendo una patata morada con motas blancas.

—Fueron ellos los que instalaron en nuestra sociedad este estereotipo que ha convertido a las colombianas en esclavas de la belleza postiza. ¡Si ahora las mujeres vienen hasta aquí desde todas partes del mundo para hacerse operaciones estéticas!

Me gusta cómo funciona la cabeza de Leo, con esa forma de ver más allá, de profundizar en las ideas y de encontrarle aristas a todo. Puede que esa mente compleja haya sido uno de los factores clave de su éxito en la cocina. Actualmente, su restaurante *Leo* está en la lista de los cincuenta mejores del mundo. En 2017, además, recibió el premio a la mejor chef mujer de Latinoamérica, un galardón que tiene su sentido porque en el sector de la hostelería predominan los hombres. En España, por poner un ejemplo, de todos los restaurantes con estrella Michelin, menos del 10% tiene a una mujer al frente. Un dato sorprendente, dado que el 50% de los asalariados del sector gastronómico son mujeres.

Después de satisfacer mis papilas gustativas con los exóticos sabores del mercado, Leo me invita a comer en su restaurante. Al subirnos en su coche, me advierte de que tenemos un buen rato por delante hasta llegar. El trayecto debería durar solo media hora, pero Bogotá es la tercera ciudad con más retenciones de tráfico del mundo. Se calcula que los conductores invierten un 68% de tiempo extra en cada recorrido. Por primera vez en mi vida agradezco estar en un atasco. Mi trabajo me permite charlar a menudo con cocineros de muchísimo prestigio. Rara vez, sin embargo, puedo hacerlo con cocineras del mismo renombre porque, lamentablemente, hay muy pocas. Es el momento de aprovechar.

—Leo, ¿en algún momento te ha afectado negativamente esa supremacía masculina en la cocina? —le pregunto mientras me abrocho el cinturón.

—Partamos de la base de que vivo en un país latino y machista —comienza—. Cuando empecé a finales de los noventa, la gastronomía no tenía la buena fama de la que goza ahora, sino que era una forma de salir adelante para la gente con menos recursos. Los que laboraban en la cocina no tenían acceso a una educación, y eso la hacía más machista aún. En mi primer empleo como jefa de cocina, en mi Cartagena natal, tenía que dirigir un equipo en el que todos eran hombres. Mis órdenes no eran bien recibidas porque nosotras somos más organizadas, limpias y metódicas, y eso para ellos era un problema. Sin embargo, no me dejé intimidar porque yo siempre tengo muy claro lo que quiero. Podría haber tirado la toalla convenciéndome de que los hombres no me aceptaban, pero yo creo que cuando se tienen los objetivos claros, el único obstáculo es uno mismo. El género en la cocina me tiene sin cuidado, yo estoy por encima de eso.

—Qué paradoja que la cocina haya sido, históricamente, el terreno de las mujeres, y que a día de hoy los chefs más reconocidos sean hombres... —digo.

—El estereotipo de género relega a las mujeres al espacio privado y, por lo tanto, a nosotras nos ha correspondido tradicionalmente hacernos cargo de la tarea de cocinar, asumiendo ese papel de alimentadora cuidadora. Sorprendentemente, cuando los hombres por fin tomaron el cucharón, convirtieron la cocina en algo público, lograron encumbrarla y elevarla a la categoría de arte, por la simple razón de ser realizada por ellos.

—Vale, lo entiendo, pero una vez convertida en una profesión digna, ¿por qué no ha habido un trasvase de esas mujeres cocineras a las altas esferas de la gastronomía? Tú eres de las poquísimas que se han abierto un hueco entre los hombres...

—La alta cocina pertenece al mundo masculino porque requiere estar fuera del hogar gran parte de la jornada. Yo tengo más hombres trabajando en mi cocina porque no hay muchas mujeres que soliciten ese empleo. A lo largo de los dieciséis años que lleva mi restaurante abierto solo he tenido dos mujeres comprometidas. Dos.

—¿Sólo dos en dieciséis años? Eso es poquísimo —contesto mientras observo los coches parados a través de la luna delantera.

—Como lo oyes: la mayoría de las mujeres que han trabajado en cocina nos han dejado tirados. Una venía diciendo que su papá no le dejaba llegar tan tarde a casa, la otra que su marido no quería que trabajase... Te hablo de Colombia, claro, y lo mismo pasará en otros países de Latinoamérica, tan machistas como este. Las mujeres que alcanzan reconocimiento en la gastronomía son las que anteponen sus objetivos profesionales a cualquier otra cosa.

—¿Incluso a tener hijos?

—En absoluto. Esas dos cocineras implicadas de las que te hablaba están casadas y son madres, pero tenían claro que querían dedicarse a esto y pelearon hasta lograrlo. Para trabajar en este mundo hay que tener una pareja que apueste por la igualdad y que cuide a los niños cuando su mujer esté en el restaurante en turno de noche. Y esto depende, en parte, de nosotras. Las mujeres contribuyen a perpetuar el machismo cuando educan a sus hijos en un comportamiento que no es igualitario, y cuando complacen a su marido en lugar de luchar por sus sueños profesionales. Por desgracia, son muy pocas las que priorizan sus ideales y rompen con esos esquemas, que muchas veces mantenemos nosotras mismas.

Leonor nunca ha participado de esos esquemas. Con veintidós años se quedó embarazada de una niña que crio ella sola con la ayuda de sus padres. Cuando Leo cambió las bellas artes por la cocina, le contagió a su hija Laura, que ya era una adolescente, su pasión por los aromas y los sabores. Laura estudió para ser sumiller y a día de hoy es la socia de su madre. Cada una tiene un espacio delimitado en el restaurante *Leo* y ejercen el mismo control sobre las decisiones empresariales. Se llevan tan bien que hasta se consideran amigas. La pena es que Laura hoy tiene el día libre y no la voy a conocer.

El restaurante tiene la fachada de ladrillo visto, detrás entramos a un espacio diáfano de líneas rectas. Es un local austero a la par que moderno, muy del estilo de Leo, con un toque especial que le aporta el techo alto e inclinado, rematado por un gran ventanal. Es temprano y aún no han llegado los primeros comensales, con lo que mi anfitriona me deja meterme con ella en la cocina, donde hay unos treinta empleados muy concentrados en preparar fondos, salsas y reducciones. Leo va a enseñarme cómo elabora un plato inspirado en una de las comunidades indígenas con las que trabaja en su fundación social, llamada FunLeo. Su objetivo es dar visibilidad a los pueblos nativos colombianos que sufren de inseguridad alimentaria, pobreza o pérdida de identidad, así como reactivar los ecosistemas en los que habitan. Leo y su hija Laura, con la que dirige FunLeo, promueven el desarrollo de estos lugares a través de la gastronomía. Por eso invierten mucho tiempo inmersas en comunidades indígenas y afrocolombianas, con las que descubren técnicas, recetas y productos nativos desconocidos para la mayoría.

—Todo empezó cuando, al abrir *Leo*, me di cuenta de que sabía mucho de la cocina del Caribe colombiano, de donde provengo, pero me faltaba profundizar en la gastronomía de otras partes del país —me explica mientras se lava las manos y se pone el delantal—. Colombia tiene una cultura culinaria, fruto del mestizaje, que no podemos perder: la cultura afro, la indígena, la europea... Yo quería empaparme de todas y así es como comencé a viajar para aprender lo que se hacía en otros territorios. Poco después montamos la fundación.

—¿Y qué hacéis exactamente en FunLeo? —le pregunto mientras me recojo el pelo en un moño para cumplir el protocolo de higiene.

—Mi hija Laura y yo colaboramos con oenegés y agencias de cooperación para enseñar a estas comunidades a sacar partido económico de sus propias tradiciones culinarias y sus productos autóctonos.

—Suena muy bonito, pero... ¿cómo se consigue eso? —insisto.

—De muchas formas. Por un lado, animando a las personas a que abandonen las actividades ilícitas. Me refiero al cultivo de coca, por ejemplo, para ello les enseñamos a plantar alimentos autóctonos en su lugar. También impulsamos el turismo en estas zonas. Y, por último —dice mientras saca algo de una de las muchas neveras que hay—, mostrándole al mundo productos autóctonos que solo se usan en esos pueblos.

—Tal y como haces tú en los platos que sirves aquí en tu restaurante, ¿no?

—Claro. ¿Ves esto? Es una cucha —me indica mostrándome un pez pequeño gris de apariencia prehistórica—, es un pescado que ha sido esencial en la dieta de los pueblos indígenas amazónicos. Ellos dicen, por cierto, que comerlo aumenta el vigor sexual de los hombres. Mira cómo es por dentro. —Le hace unos cortes con fuerza para enseñarme la carne rosa que tiene en el interior.

—¿Y esto de aquí? —le pregunto yo al ver una caja de acero inoxidable repleta de insectos marrones del tamaño de mi pulgar—. ¡¿Son gusanos?!

—Sí. Es mojojoy seco. El mojojoy es una larva que crece dentro de algunas plantas autóctonas. De ellos se obtiene un aceite buenísimo. No tengas prejuicios, que está bien rico. Prueba un poco —dice dándome una cucharada de un líquido denso con aspecto de mantequilla derretida.

—¡Hala! ¡Sabe a nuez! ¿Todo esto te lo han enseñado las comunidades con las que convives?

—Antes de crear un plato debo hacer mil pruebas para ver qué posibilidades culinarias tiene cada alimento, y eso es un trabajo mío. Pero la toma de contacto inicial la tengo en esos pueblos, claro. Lo sorprendente es que no son conscientes de su riqueza. Cuando llego a alguna comunidad por primera vez, las mujeres no quieren cocinar para mí porque les da vergüenza, creen que lo que hacen no tiene valor. Son ellas quienes mantienen vivas las recetas de su cultura. Yo trato de empoderarlas haciéndolas ver que su sabiduría es una forma de mejorar su bienestar.

Cuanto más conozco a Leo, más brillante me parece. Su restaurante no es solo uno de los mejores lugares para comer en todo el mundo. Es también un proyecto social, político y artístico. Me causa admiración que, utilizando su pasión como herramienta, esté contribuyendo al desarrollo sostenible del ecosistema colombiano, revitalizando algunas zonas deprimidas de su país y recuperando su cultura a través de la tradición culinaria.

Tras permitirme observar en detalle la elaboración del plato, Leo me ofrece tomármelo de aperitivo ahí mismo, en la cocina. El resultado viene servido en un cuenco de cerámica precioso, pequeño y profundo, como con forma de flor. En su interior hay un lomo pequeño de ese pescado llamado cucha, culminado con sus propias huevas, también de color rosa, y cubierto del aceite de gusano con el que Leo ha conquistado mi paladar.

—Come. A ver qué te parece —me pide Leo observándome mientras introduzco el cubierto en mi boca.

—¡Buf! Qué espectáculo, Leo. El pescado es suave, las huevas mantecosas y con sabor potente, todo aunado por el aceite de mojojoy... ¡Me encanta!

—Me alegro, Vero. Esta es la riqueza biocultural de mi país —me contesta ella sonriendo.

—Eres una grande, con razón tienes tantos premios. Quería preguntarte por el que conseguiste en 2017 a la mejor chef *mujer* de Latinoamérica... ¿Qué opinas de él? —le pregunto cogiendo un poquito de cucha para probarla sola—. Muchos opinan que esos reconocimientos especiales a las mujeres solo sirven para acrecentar aún más la desigualdad de género.

—Yo creo que hay que ponerlo en perspectiva y ver las buenas intenciones de crear ese galardón. El objetivo no es ampliar la brecha entre ambos sexos, sino reconocer precisamente el trabajo de la mujer en este campo. Desafortunadamente, cuando hay marcadas diferencias es necesario reivindicar el esfuerzo de la minoría para que se valore —asegura Leo en tono pausado y reflexivo—. Por eso yo acepté el premio viéndolo como una oportunidad, no como un acto de compasión por parte de quienes me lo otorgaban.

—¿Y cómo son esos eventos en los que os juntáis los mejores cocineros del mundo? ¿Cómo te sientes entre tanto hombre?

—Yo me llevo muy bien con mis compañeros y muchos de ellos son mis amigos, algo que no me pasa tanto con las mujeres. Y es que en esas galas gastronómicas nunca ves a mujeres conversando entre sí. Los hombres trabajan muy unidos, se ayudan mutuamente, son cómplices... Nosotras nunca nos echamos una mano. Somos amigas y enemigas al mismo tiempo porque somos envidiosas, una característica que los hombres no tienen. Hay más unión de las mujeres con hombres que entre las mismas mujeres.

Odio admitir esto, pero la falta de hermandad entre mujeres sale demasiado en mis conversaciones con personas de todo el mundo. ¿Cómo es posible que nos quejemos del yugo que sufrimos pero sigamos sin apoyarnos entre nosotras? ¿Por qué no nos molesta el éxito de un hombre pero sí el de una mujer? Si cada una de nosotras hiciera ese ejercicio de reflexión, tendríamos mayor salud mental y seríamos más felices.

—Además de la sororidad, ¿qué más crees que hace falta para equiparar el número de mujeres al de hombres en la alta cocina? —le digo al tiempo que rebaño lo que queda en el cuenco.

—Creo sinceramente que llegar lejos, en este o en cualquier campo, depende únicamente de la persona y de su voluntad. En la actualidad la mujer no tiene ninguna barrera para hacer lo que quiera. Tengo sobrinas de veintiún años que tienen muy claro lo que desean y estos procesos machistas les tienen sin cuidado. Si quieres conseguir tus metas, puedes hacerlo. No es una cuestión de género; es una cuestión de carácter.

Leo no echa balones fuera. Reconoce que existe la desigualdad de género, pero en lugar de limitarse a las causas típicas —los hombres, la política y la falta de ayudas—, asume que muchas de las barreras nos las ponemos nosotras mismas por no ayudarnos entre nosotras, por perpetuar comportamientos sexistas y por utilizar, cuando nos encontramos con complicaciones, la disparidad como excusa. Leonor Espinosa y su trayectoria profesional dan fe de que, para cumplir los sueños de cada uno, lo imprescindible es el temperamento. Y ella ha logrado cumplir el suyo convirtiendo el arte en cocina y la cocina en proyecto social.

12

ELIZIA Y EL SEXO

Somos cuarenta personas metidas en una casa con vistas a la playa de Ipanema. Algunas están en la cocina preparando la *feijoada*, otras machacan hielo y exprimen lima para hacer más caipiriñas. En el salón se concentran quienes tocan o bailan samba. Todavía faltan unas cuantas que han ido a comprar más *cachaça* y las que quedan por llegar. ¿Lo mejor? Que es la una y media de la tarde y esto acaba de empezar. Así es Río de Janeiro, la ciudad del *carpe diem*.

Si mi equipo y yo —y nuestras cámaras— estamos invitados a este fiestón, es gracias a Elizia, brasileña de cuarenta y un años a la que conocí en mi primera visita a Río, allá por 2011. Tiene un rostro con mucho ángel, la piel tostada y un pelo negro rizado y revuelto. Derrama carisma por cada poro, es una de las personas más alegres y naturales que he conocido en mi vida. Aunque no es la dueña de la casa, que pertenece a un amigo suyo, es ella quien está dirigiendo la operación comida, controlando que todos los ingredientes de la *feijoada* se hagan a su determinado momento. Este es un plato brasileño típico del fin de semana hecho a base de frijoles y carne de cerdo. Suele prepararse en grandes cantidades, aunque lo de hoy es algo exagerado. En solo una de esas ollas caben fácilmente tres contorsionistas del Circo del Sol. Lo juro.

Pese a la constante interrupción de todos los asistentes que pasan por la cocina para coger una caipiriña, mis compañeros y yo hemos conseguido grabar toda la elaboración del plato. Con esta secuencia hemos puesto fin a los cinco días de rodaje que llevamos en Río. Libres ya de las cámaras, no tenemos más que atravesar el pasillo para darnos cuenta de que la gente está más entonada que hace unas horas, cuando empezamos a filmar. Se nota el efecto *cachaça*, que se notará también en la resaca de mañana.

Guiados por la música llegamos al salón, donde el ambiente es muy distendido. Los músicos son amigos de Elizia que, aparte de venir a comer y beber, se han traído los instrumentos. Tienen los tambores apoyados en el suelo y ellos están repartidos entre sofás, taburetes y mesitas de diferentes alturas. A su lado hay un grupo de mujeres bailando al ritmo de la música, con ese contoneo de todo el cuerpo que consiguen con un sutil movimiento de piernas. Me han explicado mil veces la teoría y a priori parece fácil. Pones un talón delante, lo giras y lo llevas atrás. Luego lo mismo con el otro pie y así todo el rato. Pero nada, mis pasos recuerdan más a los de Michael Jackson que a la samba. Aun así, me mezclo entre las amigas de Elizia e intento imitarlas sin mucho éxito. De repente, y sin parar de bailar, una de ellas comienza a aproximarse demasiado a uno de mis compañeros. Se llama Fernanda y tendrá unos cincuenta años. Es alta, grande y tiene un trasero enorme que todas las demás no paran de elogiar. Lo hacen abiertamente y con mucho fervor, incluso soltando algún gritito cuando lo agita intensamente al ritmo de la música. Yo no participo del entusiasmo por su culo, para mi gusto es demasiado voluminoso, lo cual demuestra la diferencia de cánones de belleza entre un continente y otro. Tampoco pienso que sea el tipo de mujer que atrae a mi compañero, quien además tiene pareja. Él permanece impasible, como si la cosa no fuera con él. Fernanda no parece percibir eso como una señal de rechazo: no solo se pone a bailar a unos pocos centímetros de él, sino que le dice frases en portugués que, aunque no comprendo del todo, dejan claro por su tono pasional que quiere algo con mi compi. Y lo quiere ya.

—¿Qué le dice a mi amigo? —le pregunto a una amiga suya en inglés.

—Literalmente le está diciendo «blanquito, tú eres para mí» —me explica tronchándose de risa.

Yo también me río. Primero por dentro y luego abiertamente al ver cómo mi compañero es incapaz de gestionar la situación: no está acostumbrado a que una mujer le tire los trastos de forma tan directa y menos durante un rodaje. Se nota que está verdaderamente incómodo. Es bastante tímido y muy diplomático, por lo que decide huir dando pequeños pasitos hacia un lado, mirándome con los ojos muy abiertos para pedirme ayuda. A mí me está pareciendo todo tan divertido que prefiero esperar a ver cómo sale de esta. Cuando por fin lo veo desesperado y decido acercarme, me veo acorralada por otro amigo de Elizia que se pone a tontear conmigo de una forma igual de descarada. Yo intento zafarme, pero el tío es bastante insistente. Como le ocurre a mi colega, no quiero ser borde. Pongo la excusa de que estoy trabajando y al fin me escapo y rescato de paso a mi compañero.

A mí me sorprende menos que a mi compañero el descontrol hormonal que hay en la fiesta. Probablemente porque yo ya he estado en Río con anterioridad. Lo que me ha asombrado ha sido la técnica de conquista de Fernanda con mi compañero. No he visto una forma tan atrevida de ligar en mi vida, ni en hombres, ni mucho menos en mujeres. Puede que se haya pasado de insistente, pero, por otro lado, hay algo de su comportamiento que me parece envidiable. Si alguien le gusta, no pierde el tiempo y deja clara su intención desde el principio, sin complejos. En un mundo en el que el hombre suele ser quien toma la iniciativa, esa actitud en una mujer denota una seguridad apabullante en sí misma. Y yo me pregunto: ¿se comportan así todas las mujeres cariocas, o es solo cosa de la arrolladora Fernanda?

Al día siguiente, mis compañeros cogen un vuelo de vuelta a Madrid. Yo, como de costumbre, me quedo unos días más después del rodaje. En esta ocasión agradezco especialmente librarme de las doce horas de avión con el dolor de cabeza de la resaca de *cachaça*. ¡Es peor que la de la sidra, no digo más! Para aliviar el malestar he quedado con Elizia para darme un chapuzón en Copacabana, una de las playas más famosas del mundo. Lo primero que impresiona es su tamaño: mide cuatro kilómetros de largo y es realmente ancha. Aunque a muchos les choque, a mí me encanta su condición de playa urbana, enmarcada por altos edificios construidos en paralelo a la costa. En contraste, tiene una arena blanca y fina sobre la que los cariocas exponen sus esculpidos cuerpos tomando el sol, paseando o jugando al *futvóley*.

—Es increíble, Elizia. ¡En esta playa todos estáis buenísimos! —digo tras un rato de voyerismo tumbada en la toalla.

—Sí, el culto al cuerpo en Río es algo obsesivo. Yo creo que es el lugar del mundo donde más importancia le damos a nuestro aspecto.

En mi opinión, esa preocupación por tener siempre un cuerpo diez es común a muchas ciudades donde se puede ir a la playa durante gran parte del año y, en consecuencia, hay que lucir palmito. Lo he visto en Sídney, por ejemplo, e incluso en Alicante. No ocurre en Madrid, donde hacemos la operación bikini para el verano y nos permitimos engordar unos kilitos en invierno porque nadie lo ve.

—La playa es nuestro escaparate, es el lugar perfecto para flirtear. Aquí es donde venía para curarme cuando lo dejé con Ricardo. —Habla de su ex marido, del que se divorció hace un par de años.

—Y por lo que veo estás curadísima. Ayer te vi dándote besos con uno en la fiesta, pillina.

—Sí, de hecho, hemos amanecido juntos...

—¡Qué me dices! No te conocía yo en esta faceta. En mi cabeza sigues siendo una mujer casada.

—Bueno, casada estoy, pero con mi mejor amiga —contesta ella muerta de la risa.

—Estás de broma, ¿no?

—¡No! Mi amiga es italiana y necesitaba los papeles para quedarse aquí, así que decidimos casarnos. Aunque no es solo por eso: también es una forma de dejar por escrito el amor de años que tenemos la una por la otra.

—Pero ¿es tu novia? ¿Te gusta?

—No, no. Simplemente la quiero mucho. Pero algunas mujeres sí que me gustan. Me divorcié de Ricardo porque un día me sorprendí a mí misma tonteando con una chica. Así que he descubierto que soy bisexual —me cuenta con una sonrisa.

—Vamos a ver... En cinco minutos me has dicho que ayer te acostaste con un tío, que estás casada con una amiga y que eres bisexual. ¿Algo más que deba saber de esta nueva y desconocida Elizia?

—Creo que no, aunque quizá hoy destapemos algo más. ¡Quién sabe! —dice soltando una carcajada.

—¡Eres un personaje! Y tu amiga Fernanda, también. Ayer me llamó la atención ver cómo cortejaba a mi compañero. ¡Qué tía más desinhibida!

—La verdad es que Fernanda es especial, no se corta ni un pelo. ¡Y yo me parezco bastante a ella! —admite Elizia—. Pero normalmente los más atrevidos son los hombres. Lo que sí es cierto es que las mujeres cariocas tenemos muchos menos prejuicios que vosotras.

—¿Menos prejuicios que las europeas, quieres decir?

—Eso es. Allí sois mucho más cerradas, más pudorosas y entre vosotras os juzgáis mucho, en ocasiones por envidia y otras por el qué dirán. En Europa tenéis grabado que la mujer tiene que comportarse de una cierta manera y hacerse valer. En cambio, ayer a ninguna de nosotras nos pareció exagerado que Fernanda ligara así con tu amigo. Lo que nos pareció fue divertido. Creo que es una cuestión cultural: aquí vivimos de una forma más libre.

Elizia tiene razón. Si Río de Janeiro es una de mis ciudades favoritas es porque nada más llegar te envuelve la sensación de libertad, de hedonismo, de felicidad... Aquí la vida está centrada en disfrutar y eso hace que se respire energía positiva en cada esquina, empezando por la playa.

—Venga, ¿nos damos un baño para mitigar esta resaca horrible? —propone ella—. Y además te voy a enseñar cómo se liga en la playa.

—A ver, ilústrame.

Nada más levantarnos, ella se acerca a un hombre que está cerca de nuestras toallas y le pide que, por favor, nos cuide las cosas. Lo hace con voz sensual y guiñándole un ojo.

—Le he dicho que, para agradecérselo, luego le invito a un agua de coco... —me explica justo antes de soltar una larga risotada.

—¿Y ya? ¿Así te lo has ligado?

—Ya verás como luego se acerca. En realidad, en la playa cualquier excusa es buena. Muchas veces han venido chicos a decirme directamente que les gustaba y hemos acabado teniendo una cita —dice Elizia.

Corremos unos metros por la arena para no quemarnos los pies.

—Cuanto más nos aproximamos a la orilla, más monja me siento —le digo—. Todas las chicas vais con vuestros bikinis minúsculos luciendo culazo y yo con esta braguita que en Ibiza sería normal, pero que aquí parece una faja. Lo contradictorio es que pese a llevar bañadores testimoniales, en Brasil tenéis prohibido hacer *topless*.

—Durante el carnaval las chicas pueden salir a la calle casi desnudas, con las tetas al aire, pero si eres turista y haces *topless* en la playa, te arrestan. Ese pequeño dato refleja la incongruencia de este país, Vero. Brasil intenta asumir valores del siglo XXI, pero sigue arraigado al cristianismo que llegó aquí en el medievo. De hecho, el aborto también está prohibido —me explica Elizia mientras nos metemos en el agua.

—¡Uy! Está más fría de lo que esperaba —comento yo al notar una ola chocando contra mis piernas blancuzcas—. Y entonces, ¿de dónde os viene esa filosofía de vivir solo el momento presente?

—Por un lado, nuestra identidad no tiene tantos siglos como la de los europeos, y por tanto está menos encorsetada que la vuestra, por eso actuamos de forma mucho más relajada y natural. Por otro lado, no olvides que nosotros, aparte de portugueses, somos una mezcla de nativos indígenas y africanos, lo que nos hace más carnales. De hecho, puedo asegurarte que los hombres brasileños son los mejores amantes del mundo.

—Si lo dices tú, que has vivido en Europa y has viajado mucho, me lo creo.

—Te lo garantizo. —Hace una pausa para sumergir la cabeza en el mar—. En términos sexuales son diferentes a todos los demás. Se entregan por completo al momento y lo hacen con una pasión que no he visto en ningún otro país. Es como si estuvieran en trance.

Cuando ya tenemos los dedos como pasas, el chico con el que ha tonteado Elizia se mete en el agua en dirección a nosotras. Lleva dos cocos con pajita, uno en cada mano. No me había fijado, pero tengo que reconocer que el tipo está bastante bien. Tiene más aspecto de ser de mi quinta que de la de Elizia y, además, tiene más cuadraditos en el abdomen que una tableta de chocolate. ¡Qué buen ojo tiene la tía!

—¡Hola! Vengo a deciros que tengo que irme y ya no voy a poder vigilar vuestras cosas. Y de paso os traigo agua de coco —dice en portugués con una leve sonrisa que hace aparecer unos encantadores hoyuelos.

—¡Muchas gracias! Pero era yo la que tenía que invitarte a ti... —responde Elizia con ese tono engatusador que domina a la perfección.

—¿Y qué te parece si me devuelves la invitación esta noche? ¿Nos vemos en los *arcos da Lapa*? —propone el guaperas.

—Claro que sí, ahí estaremos —contesta Elizia.

Muerde ligeramente la pajita con cara de pícara y sale poco a poco hacia la orilla. Él se va corriendo y, en cuanto está un poco lejos, Elizia me dice:

—¿Ves? Te dije que se iba a acercar.

—Brutal. Pero lo de veros hoy está complicado, ¿no? No os habéis dado ni los móviles.

—¡Bah! Eso es lo de menos. En los *arcos da Lapa* siempre te encuentras a todo el mundo.

A mí me parece algo difícil. Yo ya conozco ese lugar de fiesta y la cantidad de gente que va es enorme. En cualquier caso, estoy feliz de poder volver. La última vez que estuve allí, hace algunos años, me lo pasé muy, pero que muy bien.

Durante el trayecto en taxi hasta casa de Elizia, aún con el pelo mojado, vuelvo a darme cuenta de lo enamorada que estoy de esta ciudad. Me apasiona cómo conviven urbe y naturaleza en el mismo espacio. Parece como si los edificios se hubieran ido amoldando al poco sitio que queda entre el mar y los cerros. Precisamente en lo alto de una de esas famosas colinas verdes es donde se ubica Santa Teresa, el barrio bohemio donde vive mi amiga. Está atravesado por los carriles del *bondinho*, un tranvía pequeño de color amarillo que es parte del encanto de la zona. Las calles tienen mucha personalidad porque están repletas de casitas bajas de colores, cada una de su padre y de su madre. Elizia vive en una de ellas. Al entrar, me saluda un tipo rubio y muy alto.

—¡Bienvenida! —me dice en un español con acento centroeuropeo—. Ya me ha dicho Eli que veníais a comer y estoy preparando algo.

—Es Shasha, mi mejor amigo, que vive aquí conmigo. Es alemán, pero habla español —me explica mi amiga.

—¡Ah! Pensaba que igual era uno de tus novietes —comento entre risas.

—Lo que le faltaba a Eli: ¡otro más!

Elizia suelta una carcajada por respuesta.

—Está todo el día de pendoneo, ¿o qué? —le pregunto al tiempo que agarro el botellín de cerveza que me está ofreciendo.

—En los últimos diez días ha estado con tres tíos distintos —responde Shasha como en susurros, a sabiendas de que Elizia le va a oír.

—Bueno, eso ha sido suerte. No siempre es así. Aunque al menos uno a la semana, cae —admite Elizia.

—En Río, si una mujer quiere, puede acostarse con cuatro cada noche. No sabes la labia que tienen los cariocas. A mí me dan una envidia... ¡Qué soltura! —explica Shasha, quien por lo que veo no es gay, a pesar de mis sospechas.

—Ya te lo he dicho, Vero. Aquí los hombres tienen la testosterona por las nubes —añade Elizia—. Fichan a cualquier mujer con la que se crucen. Incluso si están con su pareja en un bar y van al baño, miran seductoramente a las chicas de otras mesas.

—Y claro, vosotras no podéis evitar caer en sus garras, ¡esto es cosa de dos, Eli! —le suelto yo con retintín—. Cosa que me parece maravillosa, ojo.

—Tienes razón... Una vez iba caminando por la calle y me crucé con un tío guapísimo. Nos miramos a los ojos pero pasamos de largo. Al poco nos dimos los dos la vuelta, empezamos a hablar y esa noche dormimos juntos —me cuenta Eli.

—¡Qué sencillo! Me asombra lo desenvueltos que sois.

—Es muy habitual que nos besemos con alguien a los cinco minutos de conocerle —reconoce Elizia—, pero eso no implica que vayamos a pasar la noche juntos necesariamente. Admito que yo sí que suelo hacerlo, porque disfruto muchísimo de mi sexualidad y no tengo ningún veto mental que me coarte. Para mí, la felicidad se compone de varios elementos: una carrera profesional, independencia financiera, el afecto emocional y una vida sexual plena.

—¿Y esto es válido para las mujeres cariocas de todas las edades? Lo digo por Fernanda, que te saca unos diez años o así, calculo.

—Tengo un montón de amigas de cincuenta, como Fernanda, que pese a estar divorciadas mantienen una vida sexual muy activa porque se sienten dueñas de su cuerpo y quieren gozar de él. Es que sin sexo no hay una salud completa, Vero. Eso es así.

Los datos le dan la razón. El 37% de las mujeres brasileñas de más de cincuenta años dicen ser sexualmente activas, y el 53% de ellas califica sus relaciones de buenas o muy buenas. Pero mi sensación es que más que el propio acto sexual, en Río están enganchados a esa adrenalina que provoca el flirteo, a esa costumbre de exhibirse y de gustar. Y digo Río porque, según Eli y otros muchos brasileños, esta forma de ser no se aplica a todo el país.

—En general —me dice Eli—, los brasileños somos muy desinhibidos comparados con otros lugares del mundo, pero en Río y en Salvador de Bahía es donde somos más sexuales de todo Brasil.

—¿Y por qué? ¿De dónde proviene ese erotismo constante?

—Es un conjunto de factores. Para empezar, tenemos una pasión por la música y el baile que contribuye a generar un clima permanente de fiesta, de unión, de alegría... y el alcohol fluye, claro. A todo eso se suma la playa, que, al estar en la propia ciudad, invita a exponerse no solo en la arena, sino también por la calle.

—¡Y el Carnaval! —añade Shasha, que está cociendo pasta—. Ahí se vuelven locos del todo. Durante esos días *nadie es de nadie*, según la frase que repiten.

—Durante el Carnaval es normal que alguien se te acerque y te plante un beso sin mediar palabra —dice Eli—. Te puede ocurrir varias veces en una noche, aunque cada vez hay más mujeres que se oponen a eso. Ahora está muy de moda el movimiento *no es no*. Si te digo que no quiero que me des un beso, no insistas.

—En España ahora se dice que *solo sí es sí* —añado.

—Es la misma idea, pero con el Carnaval de por medio cuesta más entenderlo. Este festejo rinde culto a la belleza femenina y es cierto que tiene un halo sexual que procede de la cultura de los años sesenta, setenta y ochenta del que hay que deshacerse. Las mujeres en Río defienden que son libres de salir desnudas a la calle durante el Carnaval, sin que eso implique que cualquiera pueda juzgarlas, tocarlas o besarlas. Tenemos que dejar de sexualizar el cuerpo femenino y empezar a verlo como lo que es, algo natural.

Hace años me atrevía a caminar por las calles de Río de Janeiro por la noche. Ahora no soy ni tan joven ni tan inconsciente y tengo muy presente que es una de las veinte ciudades más peligrosas del mundo. Igual que hago en Ciudad de México, aquí me muevo siempre en Uber, que permite compartir el trayecto en tiempo real con otras personas. Una vez dentro del coche, le envío el enlace a Eli para sentirme más segura y, sobre todo, para asegurarme de que no llega media hora tarde, que es lo habitual entre los cariocas. Se me ilumina la cara al ver los *arcos da Lapa*. ¡Qué buenos ratos he pasado aquí! Se trata de un acueducto de principios del siglo XVIII que marca la entrada al barrio de Lapa. La estructura en sí misma no es ninguna belleza. No es muy elevado y tiene un feo color blanco porque está hecho con piedra de mortero. Pese a todo, esto le da un aire decadente que tiene su encanto. Sin embargo, lo que a mí me gusta del sitio es el ambiente que se crea bajo sus arcos los sábados por la noche. La gente se congrega a los pies del monumento para comer algo en los puestos ambulantes, para beber y, cómo no, para bailar. Entre la multitud distingo a Shasha, que destaca por su altura y, tras unos segundos de búsqueda, localizo también a Eli, que está haciendo aspavientos con los brazos para llamar mi atención y que me acerque a ellos.

—¡Pero si habéis llegado antes que yo! Qué insólita puntualidad —exclamo.

—No te olvides de que yo soy alemán. Si hubieras quedado solo con ella, te habría tocado esperar —aclara Shasha.

—Tiene toda la razón... —dice Eli—. Anda, vamos a tomar algo. —Se ha puesto máscara de pestañas para resaltar sus vivos ojos negros y está realmente favorecida.

Nos detenemos en una de las pequeñas carpas azules donde sirven caipiriñas y *chopp*, que viene a ser una cerveza de barril muy fría, casi congelada. Yo me decanto por una de estas, porque después de la fiesta de ayer no quiero ni oír hablar de la *cachaça*. Es Elizia quien pide las bebidas, sin perder ni un minuto para poder seguir el juego de miraditas que ha iniciado el tío que tiene al lado en la barra, con el que se queda tonteando. Shasha y yo, cerveza en mano, nos acercamos a un grupo que se ha colocado justo debajo de los arcos. Pegados al muro hay tres hombres tocando diferentes tambores a un ritmo muy rápido. A su alrededor, pero de forma desordenada, mucha gente baila al son de la percusión. Hay gente de todos los estilos y todas las edades: veo a una señora de unos sesenta con aspecto desaliñado, a un joven de veinte con camisa y gomina en el pelo y a una pareja de cuarentones de lo más normal. Es fascinante.

—Esto es una batucada, de herencia africana —me explica Shasha subiendo la voz para que pueda oírle.

—Qué público tan heterogéneo, aquí cada uno es de su padre y de su madre —le comento a Shasha acercándome a su oído.

—Los brasileños están conectados a la música y al baile. Y en la calle es donde se junta gente de distintas clases que no se conocen y que vienen con el único propósito de disfrutar del ritmo y de las buenas vibraciones.

Cómo me gusta esta mezcolanza. Yo diría que, en España, a menos que sea en una boda, no suele verse a un grupo de gente de diferentes generaciones y procedencias echándose un baile juntos. Qué bonito esto de que la herencia cultural, que en este caso es la música, contribuya a unir a una población. Es como si España ganara un mundial de fútbol cada sábado y esto provocase que nos mezclásemos todos una vez a la semana.

En medio de mi reflexión aparece Eli, esta vez acompañada del pibón que hemos conocido por la tarde en la playa. Han logrado encontrarse, aunque parezca imposible. El chico me saluda elevando el mentón con una sonrisa. Inmediatamente, casi como si fuera un instinto, se pone a bailar con el resto de la gente. Eli se aproxima a Shasha y a mí con gesto de traviesa y yo le pregunto qué tal.

—*Muito bom*. Este tipo es un encanto, muy educado y ya has visto cómo está —contesta ella muy contenta—. Me gusta.

—Me parece que hoy duermes solo en casa y muy tranquilito... —le digo a Shasha.

—¡Todo lo contrario! —responde él entre carcajadas. Pongo cara de extrañeza.

—Cuando te quieres acostar con un hombre al que no conoces, es mejor que te lo lleves a tu casa. O también puedes ir a un motel —me aclara Elizia al tiempo que mueve su cuerpo ligeramente siguiendo la batucada.

—¿Cómo es eso del motel?

—Son hoteles hechos expresamente para practicar sexo. Es un recurso que aquí se usa mucho —aclara Elizia.

—Tienen espejos en las paredes y en el techo; *jacuzzi*; una tele en la que solo se ve porno; y una radio para aportar ambiente con música —describe Shasha—. Muchos de ellos tienen hasta un parking individual para cada habitación, de forma que puedas llegar sin pasar por ninguna recepción.

—Esa es una buena forma de evitar ser visto, por lo que deduzco que muchos lo utilizarán para ser infieles —digo.

—Algunos de ellos sí, aunque hay de todo. Yo fui con mi marido cuando estaba casada porque me daba morbo —reconoce Elizia entre risas.

—¿Sois muy infieles? Supongo que ese clima de seducción permanente que impera aquí puede complicar la lealtad —sugiero observando las parejas que bailan a mi alrededor.

—Yo diría que las mujeres somos más fieles que los hombres, pero hay de todo. No creo que pongamos más los cuernos que en otras partes del mundo —dice Eli mientras se aleja para contonearse al lado del guaperas de la playa.

Cuando vuelvo de pedirme otra *chopp*, veo que Elizia y el pibón ya no bailan solos, sino que han integrado en su pequeño núcleo a una persona más: una chica castaña de piel clara con los ojos muy grandes y separados. No sé si soy una malpensada, pero me da la sensación de que el juego que se traen no es de amigos precisamente. Para contrastar mi intuición, busco a Shasha y me lo encuentro bailando —lo hace aún peor que yo— a unos metros de mí. Al establecer contacto visual con él, señalo a Eli con sus dos compañeros de baile. Shasha me responde afirmando con la barbilla y soltando una risita. Una hora después, Elizia se me acerca al oído.

—Bonita, ¡me voy de trío! Quédate con Shasha y pásalo genial. Mañana comemos juntas —me dice abrazándome efusivamente.

Yo le sonrío muerta de risa y la veo alejarse mientras pienso en la facilidad que tiene esta mujer para dejarse llevar y entregarse a cada instante con intensidad. Sin miedos, sin complejos, sin tabúes. Me quedo con Shasha a gozar de la divertida noche carioca. Imbuida por la música, comienzo yo también a bailar como dios me da a entender añadiendo un perfil más a la mezcla de gente. Cierro los ojos para concentrarme en la resonancia del tambor y percibir su vibración en mi cuerpo. Siento que entro en éxtasis. Para mí hay pocas cosas mejores que mimetizarme en un entorno tan variopinto y auténtico y disfrutar de un placer tan básico como bailar. Y bueno... tengo que reconocer que este ambiente incita a un *piel con piel*. ¡Alto ahí! Yo soy una persona fiel y hay quien me espera en Madrid.

13

SHEILA Y EL SACRIFICIO

El coche no para de dar botes. Parece una atracción de feria. Y eso que vamos en un todoterreno, no me imagino ir por aquí en moto, como muchos de los nativos. Este país es de una belleza deslumbrante, pero, madre mía, qué carreteras. Aunque probablemente sea esa la razón de que todavía no se haya masificado. Por ese motivo he decidido venir a Uganda, en lugar de a Kenia o a Tanzania. Quería sorprender a mis padres y a mi hermano. Me paso la vida planificando viajes para mis rodajes y una vez al año organizo uno para ellos. Mis padres lo están disfrutando muchísimo, pero se quejan mucho de sus dolores de espalda y lumbares por el traqueteo de los caminos. A mí no me están afectando tanto, quizá porque estoy completamente obnubilada por lo que estoy viendo y viviendo.

He tenido una especie de conexión cósmica con este país. Es algo que me ocurre de vez en cuando en mis viajes. Siento como si perteneciese a ese lugar en concreto, como si me sintiera arraigada, pero a una tierra que no conozco y que nunca he pisado. Me sucede a menudo en Asia, pero en África es la primera vez que me pasa, aunque también es cierto que es el continente que menos he visitado. Hay algo en Uganda que me transmite paz. Creo que es la amplitud de su frondosa sabana, el verde intenso de sus campos de té, sus caminos de tierra naranja, sus lagos en calma... Todavía nos queda mucho por visitar, pero yo ya sé que volveré aquí. Uganda me ha llegado muy hondo.

Lo estamos recorriendo en un 4x4 que conduce Ben, un guía ugandés que se conoce el país al dedillo. No solo está al mando del volante, sino que es quien nos cuenta dónde estamos y nos explica lo que estamos viendo y cómo se comporta cada uno de los animales —jirafas, leones, rinocerontes— que nos encontramos. Todo nos lo cuenta con una sonrisa de blancos dientes que crea un bonito contraste con su piel negra. Tiene unos cuarenta años y unos cuantos kilos de más repartidos en su metro ochenta de altura. Es de los mejores guías turísticos que me he topado en mis viajes: culto, paciente, didáctico y muy educado. En lo personal hemos tenido mucha química. En los trayectos largos suelo ir en el asiento del copiloto para interrogarlo. También nos quedamos de charleta de vez en cuando al llegar a un hotel. Ben me habla mucho sobre la idiosincrasia de Uganda y yo a él le cuento sobre mis viajes. Menciona de vez en cuando a su mujer y a sus hijas, a quienes he visto en foto y son dos bombones. Yo le insisto para que coma con nosotros en las paradas que hacemos entre un destino y otro, pero él prefiere dejarnos a nosotros cuatro en una mesa. No sé si lo hace para cedernos nuestro espacio en familia o para dárselo a él mismo. Por experiencia de mis rodajes sé que es agotador tratar con un grupo de gente diferente cada diez días y tener que empatizar constantemente. No obstante, hoy, por fin, ha aceptado comer con nosotros.

—Ben, te voy a hacer una pregunta que a mí me hacen constantemente —le anuncio—. Tu trabajo parece agotador, ¿cuántos días al mes pasas fuera de casa?

—Depende del momento del año, puedo estar desde dos semanas hasta el mes entero en temporada alta —me contesta él en un inglés que al principio cuesta un poco entender.

—Tiene que ser duro estar tanto tiempo lejos de tu familia —opina mi madre mientras se deleita admirando el hermoso aguacate relleno que acaban de traerle a la mesa.

—Y un rollo dormir cada noche en un hotel —añade mi padre tras darle un trago al botellín de una cerveza local.

—Bueno, eso es lo de menos —responde Ben—. Soy un apasionado de mi trabajo y lo de ir de un lado a otro forma parte de él. Lo de la familia es otro tema. Es complicado porque mi mujer tampoco está mucho en casa.

—¿A qué se dedica ella? —le pregunta mi hermano mordiendo una especie de burrito que aquí llaman *rolex*.

—Es matrona —responde Ben ante mi sorpresa. En Uganda el 32% de las mujeres son analfabetas, frente al 22% de los hombres—. Trabaja en Bidibidi.

—¿Bidibidi? ¿Te refieres al campo de refugiados que está aquí en Uganda? —le pregunto atónita.

—Eso es. Vive allí y viene a vernos cuatro días al mes a nuestra casa, que está en la ciudad de Entebbe, cerca de la capital. Yo intento organizarme para no estar viajando esos días y que podamos estar todos juntos.

—¿Y qué hacéis con las niñas, Ben? —pregunta mi madre.

—La mayor, que tiene siete años, está en un internado desde los seis. Y la pequeña solo tiene un año. Está con mi mujer en Bidibidi.

Mi madre se controla para no poner cara de espanto, pero yo sé que por dentro está sufriendo por esas dos criaturas. Yo, para empezar, me paro a pensar en lo durísimo que tiene que ser trabajar ahí. Bidibidi es el segundo campo de refugiados más grande del mundo. Está en el norte de Uganda, y se estima que en él viven unas 230.000 personas. La mayoría proceden de Sudán del Sur, país con el que hace frontera, que llegaron tras huir de la guerra civil en la que estuvo inmerso entre 2013 y 2020. En ese lugar es donde la mujer de Ben, además de ejercer como matrona, se hace cargo de su bebé.

—Me imagino que tu esposa tiene mucha vocación y un corazón enorme. Convivir con esa realidad a diario no tiene que ser fácil —le digo tras robarle un poco de aguacate a mi madre.

—En realidad, Verónica, lo hace porque no nos queda otra. Sheila, mi mujer, antes trabajaba en un centro de salud en el que cobraba trescientos mil chelines...

—Que vendrían a ser unos... unos setenta euros —dice mi padre haciendo un cálculo rápido.

—Setenta euros a la semana, ¿no? —pregunto yo.

—No, no —responde Ben al tiempo que corta en trocitos el pollo que hay en su plato para mezclarlo con el arroz—. Esos setenta euros es lo que le pagaban al mes.

—Vaya —susurro, avergonzada—. ¿Y en el asentamiento le pagan mucho más?

—Ahora gana un millón seiscientos mil chelines, que son trescientos ochenta euros al mes —explica Ben—. Es cinco veces más que antes.

—La diferencia es consistente, desde luego... —apunta mi hermano limpiándose los dedos con una servilleta de papel—. Por curiosidad, ¿cuál es el salario medio en Uganda?

—Unos ciento veinte euros al mes aproximadamente —asegura Ben.

—¿Cobran igual los hombres y las mujeres que desempeñan el mismo trabajo? —pregunto yo.

—Sí, yo diría que sí —afirma nuestro guía.

—Y aunque tengáis que pagar el internado de vuestra hija mayor, ¿os compensa? —pregunta mi madre.

—Compensa tanto económica como emocionalmente. No es fácil, porque estamos todos separados, cada uno en una punta del país, pero lo afrontamos sabiendo que nos toca hacer esto durante, al menos, un periodo de nuestra vida.

Al subirnos en el coche después de comer, me quedo callada y pensativa. Me siento tan estúpida: en mi mente de europea de clase media yo albergaba la idea de que la gente que trabaja en programas de ayuda humanitaria lo hace por principios, por solidaridad. No me había planteado que hay quienes se embarcan en esta forma de vida por necesidad, como en el caso de Sheila y la inmensa mayoría de los empleados de Bidibidi, que son ugandeses.

Con el pelo todavía mojado de la ducha que me he dado nada más llegar al hotel, me dirijo hacia un mirador con vistas al Parque Nacional de Bwindi que hay a la entrada. Se trata de una selva virgen densa y tupida a la que llaman el Bosque Impenetrable. Al sentarme en uno de los bancos, reparo en que a solo unos metros está Ben hablando por videollamada desde su móvil. Le saludo con la mano y él se acerca a mí sin dejar de atender a la pantalla.

—Mira, Vero. Esta es mi mujer, Sheila —me explica girando el móvil hacia mí para que pueda verla a través del teléfono.

—¡Encantada de conocerte, Sheila! —digo en inglés, saludándola con un enérgico movimiento de mano.

—Al otro lado de la pantalla me encuentro un rostro amable. Tiene la cara ovalada, los ojos negros, la nariz respingona y la piel más clara que la de su marido. Lleva muchas trenzas de raíz que recorren su cuero cabelludo desde la frente hasta la nuca. Al principio parece un poco tímida, pero después de unos minutos se arranca a hablar con elocuencia. Está charlando con nosotros desde el campo de refugiados más grande de África, así que tras unos minutos de conversación sobre nuestro viaje familiar y de alabar debidamente a Ben como guía, me animo a preguntarle lo que llevo un rato pensando:

—Sheila, ¿y tú dónde estás ahora mismo? ¿Qué es eso que hay detrás de ti?

—¿Esto? —dice girando la cabeza y señalando con el dedo la barraca situada a un par de metros de su espalda, en medio de lo que parece un descampado—. ¡Es mi casa! Aquí es donde vivo. Ahora estoy en mi hora de descanso y he venido a hacerme la comida.

—¡Anda! ¿Me la puedes enseñar? —le pido.

Accede sin problemas. Cambia la cámara frontal por la trasera para poder desplazarse y enfocar al mismo tiempo. La calidad de la señal no es muy buena, pero plantada sobre la hierba se aprecia perfectamente una especie de caseta baja y alargada, con el techo de aluminio y las paredes de caña y bambú. Intuyo que está dividida en varios espacios separados, cada uno con su respectiva puerta de madera y contraventanas que no encajan bien entre ellas. Los marcos están forrados con una cenefa con las siglas de ACNUR, el Alto Comisionado de Naciones Unidas para los Refugiados, que le da un aspecto decadente.

—¿Quieres verla por dentro? —dice Sheila.

—¡Sí, claro!

—Es muy pequeña, no hay mucho que ver —interviene Ben.

Sheila hace caso omiso del comentario de su marido y se acerca a la entrada, pasando por debajo de una cuerda de tender con prendas colgadas. Al atravesar la puerta, veo una habitación rectangular que no debe de tener más de veinte metros cuadrados. Hay una estantería con ropa, otra con comida y dos camas individuales encajadas en la esquina formando un ángulo recto. En la cama de la derecha hay una mujer tumbada, algo más joven que Sheila, mirando el móvil.

—¿Compartes casa con una compañera, Sheila?

—No, no. Ella es la niñera de mi hija —me explica y justo después le dice algo en swahili, lengua cooficial en Uganda junto con el inglés. La chica mira hacia el teléfono de Sheila y hace el amago de saludar—. Y aquí, en esta esquinita, está Lisa durmiendo. —Apunta con la cámara a una cunita donde duerme su hija de un año.

—¡Qué hija tan bonita tienes, Ben! —le digo a mi guía dándole un apretón de mano en el antebrazo para luego volver a dirigirme a su esposa—. ¿Y la niñera vive ahí contigo?

—Sí, al dar a luz me cogí la baja de maternidad de tres meses y luego nos vinimos el bebé y yo a Bidibidi. Pero como trabajo doce horas al día, para cuidarla tengo a esta chica.

—Te llevaste al asentamiento a Lisa prácticamente recién nacida. ¡Qué valor!

—No me quedaba otra... Por suerte, puedo permitirme pagar a una niñera. Ella la baña, la duerme y le da de comer. La niña toma leche en polvo y comida sólida casi desde que llegamos aquí —prosigue—. Los primeros meses yo le daba el pecho a las ocho de la mañana justo antes de irme, al mediodía en mi hora libre para comer y a las ocho de la noche, nada más volver de trabajar. Pero con eso no era suficiente, claro.

—Ya me imagino... ¿Dónde cocinas, por cierto? —le pregunto al no haber visto ningún indicio de una cocina en ese cubículo—. ¿Y tienes baño?

—El baño lo comparte —me dice Ben, que sigue sujetando el móvil con firmeza—. Está en otra caseta.

—Mira, la cocina está por aquí —dice Sheila saliendo de su miniapartamento para volver al exterior—. ¿Ves eso? —Señala un chamizo de lona blanca con las siglas de ACNUR—. Ahí tenemos los utensilios para cocinar y fregar, pero yo suelo hacerlo fuera porque dentro está oscuro y hay poco espacio —me cuenta mientras enfoca un hornillo de carbón colocado sobre el propio césped, con una olla encima.

—Mejor cocinar al aire libre, claro que sí. ¿Qué estás preparando?

—*Chickennat* —responde destapando la olla para mostrarme el guiso de pollo que hay en su interior.

—¡Qué rico, Sheila! Pues no te molesto más, que disfrutes de la comida. Ha sido un placer hablar contigo —me despido para dejarles a solas.

Ben cuelga el teléfono a los pocos minutos y viene donde estoy yo, admirando el espectacular paisaje apoyada en el muro de acero que acota el mirador.

—Vaya mujer tienes, Ben. Qué luchadora parece —digo sin dejar de contemplar las vistas.

—Sí, la verdad es que sí. Sheila es una persona admirable y con mucha entereza. La gente que no es fuerte no aguanta ni medio día en ese lugar.

—Me habría encantado conocerla en persona, qué pena.

—¿Lo dices de verdad? —me pregunta Ben—. Porque vais a coincidir en Entebbe en unos días.

—¿Cómo? No te entiendo. Si ella está en Bidibidi.

—Vuestra última noche en Uganda tu familia y tú dormiréis en Entebbe. Ahí es donde vivimos nosotros y donde va a estar Sheila pasando sus jornadas libres cuando vosotros estéis allí.

—¿De verdad? Sería genial quedar con ella. Pero no os voy a hacer eso. Os veis cuatro días al mes, no quiero robaros ni un solo minuto del tiempo que podéis estar juntos.

—Seguro que le apetece, le has caído bien. Hablo con ella y organizamos algo —insiste.

—Bueno, sin presión. Me lo dices cuando se acerque el momento. No tengo ninguna prisa.

Un par de días después, y tras haber disfrutado de un final de viaje en el idílico lago Bunyonyi, mi familia, Ben y yo ponemos rumbo a Entebbe, donde está el aeropuerto internacional. La idea es dormir allí y tomar un avión al día siguiente —o más bien dos con la escala— con destino a Madrid. Cuando llegamos a Entebbe, mi familia prefiere quedarse a descansar toda la tarde en la piscina del hotel. Yo descargo mi maleta y me vuelvo a subir en la furgoneta con Ben, que me ha propuesto ir a ver a su mujer si es que tengo fuerzas. Estoy agotada, pero no lo he dudado ni un segundo.

Atravesando caminos de tierra naranja rodeados de vegetación y alguna que otra choza llegamos al lago Victoria, el tercer lago más extenso del mundo, que hace de frontera entre Uganda, Kenia y Tanzania. A sus orillas encontramos una pequeña aldea de pescadores que resulta de lo más estimulante. Hay mucho movimiento de personas. Encalladas en la arena veo unas cuantas barcazas llenas de pescado fresco, que unos jóvenes descargan rudamente formando una cadena. Hay otras embarcaciones que funcionan como medio de transporte y están fondeadas en el lago, a unos metros de la arena. Un par de hombres transportan a hombros o en brazos a los pasajeros desde la orilla, con el agua cubriéndoles hasta la cadera y empapándose los pantalones. El poblado es un conjunto de chozas de madera pegadas entre sí donde se venden plátanos, pescado frito listo para comer y ropa. En uno de los puestos nos encontramos a Sheila, curioseando las típicas prendas coloridas. Ben la agarra por la cintura, le da un beso en la mejilla. Me da la impresión de que le da vergüenza saludarla con efusividad porque, al fin y al cabo, yo soy su clienta.

Sheila me recibe con un abrazo. Gana mucho en persona. Es más joven que Ben, alta, con muchas curvas y entrada en carnes. Porta un vestido largo estampado en distintos tonos de un verde muy vivo. Ben nos propone ir a uno de los tenderetes donde sirven comida. Nos sentamos en uno de ellos y pedimos el único plato disponible, la llamada perca del Nilo, que se pesca en el lago Victoria, acompañada de patatas. Mientras vemos cómo fríen ambas cosas en un hornillo dispuesto en el suelo, comenzamos a charlar. Soy yo la que rompe el hielo:

—Tenía muchas ganas de conocerte en persona, Sheila. Gracias por hacer el esfuerzo de quedar conmigo, supongo que estarás muerta después del viaje de ayer. ¿Cuánto se tarda desde Bidibidi?

—Son doce horas en autobús, pero ya descansé anoche al llegar, no te preocupes —me dice con una gran sonrisa de dientes ordenados y muy blancos.

—Entonces, eres matrona, ¿no? ¿Cómo llegaste a dedicarte a esto?

—Mi tía era enfermera y trabajaba en un distrito que estaba algo alejado del pueblo donde vivíamos. Yo la admiraba muchísimo porque ella iba y venía conduciendo en su propio coche. ¿Tú sabes lo que era tener un coche en esos momentos? No se lo podía permitir nadie. ¡Y menos una mujer! —me cuenta—. Yo quería ser tan independiente y ganar tanto dinero como ella. Así es como me metí en el mundo médico y, una vez ahí, descubrí que me encantaban los niños y ayudar a las madres a traerlos al mundo.

—Un trabajo precioso, aunque ejercerlo en un asentamiento tiene que ser duro emocionalmente... He leído que la inmensa mayoría de los refugiados de Bidibidi son mujeres y niños.

—Y muchas de esas mujeres son madres adolescentes. Algunas se casan muy jóvenes para poder sobrevivir porque vienen de Sudán del Sur sin recursos ni familia. —Hace una pausa para suspirar—. Otras llegan directamente embarazadas porque las han violado...

—Qué horror, Sheila... No quiero ni imaginarme lo que es vivir eso a diario.

—Es muy doloroso —admite inclinándose hacia atrás para apoyar su espalda en la silla de plástico donde está sentada—. La mayoría no tienen ni ropa para el bebé, ni cuna, ni siquiera una manta, ni un lugar para bañarlos, ni dinero para comprar pañales...

—¿Y qué hacéis? ¿Cómo las ayudáis? —pregunto con el corazón encogido.

—Con lo único que está en nuestra mano. Las preparamos para el parto, traemos a sus criaturas a este mundo y las asesoramos para que empiecen a usar algún método anticonceptivo.

—Pero ¿qué hacen con los bebés? ¿Cómo los cuidan si no tienen nada?

—Ay, Vero... Se apañan como pueden. Deshacen su ropa y con esa tela cosen un trapito para el niño... A veces tenemos algún pañal para darles y otras no. Al principio pasas muy malos ratos pensando cómo podrán sacar adelante a sus hijos sin nada, pero luego dejas de implicarte tanto porque, de lo contrario, es imposible aguantar allí.

La camarera nos interrumpe portando una gran bandeja de acero con la perca, las patatas fritas y un poco de ensalada de col. El pescado viene entero y con algunos cortes trazados en el lomo formando cuadraditos.

—Lo comemos con las manos, Vero —me explica Ben—. Los ugandeses no solemos usar cubiertos.

—Ah, sin problema. ¡Qué raro que no me lo hayas dicho ninguna vez durante estos diez días de viaje contigo!

—Ya, es que los hoteles y restaurantes donde hemos comido eran más formales y turísticos. Pero este sitio es para autóctonos y no verás a nadie usando tenedor ni cuchillo —aclara él.

Este es el motivo por el que me gusta mezclarme con la gente del lugar en mis aventuras por el globo. No hacerlo significa perderse gran parte de la cultura del país visitado.

—Chicos, ¿y cómo lleváis esto? Estar a distancia, veros cuatro días al mes, tener a la hija mayor en un internado, a la pequeña en Bidibidi con una niñera... ¿Os merece la pena un esfuerzo tan grande? —les pregunto yo, al tiempo que me abraso las yemas de los dedos intentando coger un pedazo de pescado.

—Vero, no te lo tomes a mal, pero tú vienes de Europa y las cosas aquí son muy diferentes —me dice Ben con delicadeza—. Nosotros queremos darles una vida plena a nuestras hijas y para eso necesitamos dinero.

—Lo vemos como una inversión —añade Sheila—. Nuestra idea es que yo esté trabajando en el campo de refugiados unos cinco años. Así ahorraremos lo suficiente para luego volver a Entebbe con un trabajo que me permita quedarme con las niñas mientras Ben viaja.

—Parece incómodo para toda la familia, pero tú eres la que se lleva la peor parte. Eres una *madre coraje*, desde luego —digo dirigiéndome a Sheila.

Entre bocado y bocado, veo a una familia de ugandeses que están comiendo en una cabaña justo enfrente de nosotros. Los hombres comen sentados en torno a una mesa en la que sobran sitios, pero aun así las mujeres comen sentadas en el suelo. Es Ben quien responde primero a mi pregunta al respecto.

—Eso es bastante común aquí. Tenemos cincuenta y tres tribus y veintitrés dialectos distintos en Uganda.

A veces ni siquiera nos entendemos entre nosotros. Y en algunas de esas culturas, las mujeres comen en el suelo.

—Menos mal que tú no lo haces, Sheila... —digo—. ¿A qué responde esta costumbre?

—A nada en concreto —contesta Sheila justo antes de llevarse una patata a la boca—. Es lo que hay que hacer, y punto. En otras tribus las mujeres han de arrodillarse cuando saludan a los hombres. En la cultura africana es como si el sexo femenino tuviera complejo de inferioridad: el hombre es el centro de todo y la mujer le rinde pleitesía continuamente.

—Por otro lado —dice Ben—, el hecho de que el padre sea el cabeza de familia hace que los hombres tengamos más responsabilidades: somos quienes vamos a hacer la compra, quienes pagamos el colegio de los hijos, quienes reparamos cualquier cosa que se haya roto en casa o salimos a comprarla para sustituirla...

—Pero tú y yo nos repartimos bastante esas tareas cuando estamos los dos en casa... —aclara Sheila guiñándole un ojo.

—Me da la sensación de que tenéis una relación muy igualitaria para ser ugandeses, ¿tengo razón?

—Sí. En África los hombres no hacen nada en casa. Yo en cambio limpio, cocino, plancho... —dice Ben mientras Sheila asiente para confirmar lo que dice su marido—. Entiendo que ella también es una persona, que llega a casa agotada y que tiene que descansar, igual que yo. Así que nos ayudamos el uno al otro.

—Sí, para mí eso es lo natural. Pero me sorprende que tú, siendo un hombre que se ha criado en la cultura africana, lo tengas tan claro —digo.

—Puede que sea consecuencia de mi trabajo —responde Ben—. Como estoy todo el día rodeado de europeos, quizá sea más abierto y tenga unos valores muy modernos para ser ugandés.

—Es cierto. Él no es como la mayoría —afirma Sheila—. Tú, Vero, no estás casada, ¿no? Me ha dicho Ben que has venido con tus padres y tu hermano.

—Tengo novio, pero no estoy casada, y no sé si me casaré algún día —le respondo mientras separo de la espina un pedazo de perca.

—¿Por qué? ¿Le vas a dejar? —me pregunta Sheila boquiabierta.

—No, qué va. —Me río un poco viendo que no entiende lo que quiero decir—. Estoy enamorada de él y me encantaría que formásemos una familia en el futuro, pero dudo que algún día nos casemos formalmente, ¿me explico?

Sheila comienza a emitir sonoras y agudas carcajadas. Yo no tengo ni idea de qué le resulta tan gracioso, pero su risa es tan contagiosa que acabo yo también desternillada. Ben nos mira a las dos con una sonrisilla de niño pequeño sin dejar de masticar.

—¿Por qué te ríes, Sheila? ¿Qué he dicho? —pregunto.

—O sea, que lo haces para tener una relación abierta y estar con otros hombres... —me dice ella entre risillas.

—¡Ja, ja, ja! No, Sheila. No es mi caso. No quiero estar con nadie más que con mi chico, pero no necesito ningún papel que acredite que somos pareja. Quiero que sea el padre de mis hijos sin necesidad de firmar un contrato.

—¡Qué gracioso! —Sheila empieza de nuevo con la risotada—. Vas a tener hijos con él y llamarle novio en lugar de marido... ¡Eso es muy raro!

—Quizá le llame marido porque ejerza como tal, aunque no esté escrito en ningún documento —elucubro—. Lo que me ha quedado claro es que, si en el futuro tus hijas no se casan, a ti te da algo, ¿ no?

—¡Si no se casan, dejo de hablarles! —Y se ríe—. No, ahora en serio. Yo lo que quiero es darles una buena educación que les permita decidir por sí mismas y ser felices. De ahí mi decisión de trabajar en Bidibidi.

Entre divagaciones sobre las dificultades de ser padres y mis aclaraciones sobre tener un marido sin boda previa, nos terminamos la cena después de un buen rato y nos subimos los tres en la furgoneta. Me despido de la bonita pareja en la puerta de mi hotel deseando que, algún día, la conexión cósmica que he tenido con este país me permita encontrarme con ellos de nuevo.

Sheila me saca pocos años y sin embargo nuestras vidas son completamente distintas. Ambas nos pasamos muchísimo tiempo fuera de casa, pero en mi caso lo hago gozando con el empleo más placentero que nadie pueda tener, porque consiste en viajar y comer. Ella, en cambio, desempeña un trabajo durísimo para el que se requiere una entereza enorme. Su actitud es admirable. ¿Haría yo eso por mi familia si fuera necesario? Seguramente sí, pero lo más probable es que nunca me vea en esa tesitura. Es un privilegio haber nacido en el primer mundo, y yo además tengo la suerte de cruzarme en el camino con gente como ella que, con su mirada, amplían y enriquecen la mía.

14

NOHA Y EL ISLAM

—¿De verdad vamos a ir a una boda egipcia en la que no conocemos a nadie? ¿Ni siquiera a los que se casan? —me pregunta mi amiga Esther entre risas.

—A ver, tía. Supuestamente Mohamed les ha preguntado a los novios si podía llevar a dos españolas a su boda y ellos han dicho que sí. No veo cuál es tu preocupación —le contesto mientras rebusco en mi maleta.

—¡Mi preocupación es que ni siquiera conocemos a Mohamed! —dice ella tirada en la cama de nuestra habitación de hotel en El Cairo—. El que nos invita a la boda es un tío al que no hemos visto en nuestra vida.

—Bueno, pero es amigo de una amiga nuestra, y eso significa que es de fiar. Ya hemos hablado con él por WhatsApp: es encantador y no nos va a hacer nada, mujer —le digo para quitarle hierro al asunto.

—No es que me dé miedo. Es que me da vergüenza, no pintamos nada, tía. Vamos a dar el cante seguro. ¿Cómo vamos a ir vestidas?

—Ni idea. Ahí te doy la razón. Lo único que tengo de manga larga es una sudadera —le digo tras haber sacado toda la ropa del equipaje—. Por cierto, ¿también tenemos que ir con el pelo tapado?

—Me ha dicho Mohamed que no hace falta —responde Esther—. Con tal de que no llevemos escote ni falda corta, es suficiente.

Parece que, aunque le dé corte, no quiere quedarse con las ganas de acudir a una boda en El Cairo. A mí no me provoca ningún pudor asistir. Creo que, debido a mis rodajes por el mundo, estoy más que acostumbrada a estar en eventos, casas y lugares a los que no pertenezco. Nunca me colaría en una boda, pero si me dicen que los novios están de acuerdo con que vaya, ni me lo pienso. Seguro que además les parece exótico que haya dos europeas entre sus invitados. Eso sí, hay algo en lo que Esther tiene mucha razón: no tengo ni idea de lo que nos vamos a poner. En mi maleta solo llevo un par de pantalones holgados, camisetas de manga corta, algún vestido largo de tirantes y muchos bikinis. Esto se debe a que hemos pasado diez días buceando en el mar Rojo a bordo de un barco. Aprovechando que veníamos a Egipto, Esther me propuso pasar un par de días en la capital. Yo ya he estado en El Cairo, pero volver a ciudades que ya conozco es algo que me permite apreciar detalles que pasaron desapercibidos en mis visitas anteriores: una vez tachados de la lista los puntos turísticos imprescindibles, hay más tiempo para empaparse de la cultura local, como es el caso de la boda musulmana.

El coche de Uber nos recoge en la histórica plaza Tahrir, que fue el epicentro en la Primavera Árabe en Egipto y que está especialmente bonita con la iluminación nocturna. La boda empieza a las siete de la tarde, que por lo visto aquí es una hora bastante habitual. Esperamos a Mohamed a la entrada de un edificio que parece un palacio de congresos y convenciones. Se accede a él a través de unos bonitos jardines a los que no podemos entrar porque un guardia de seguridad nos hace esperar al llegar a su caseta.

Reconocemos sin problema a Mohamed gracias a sus fotos de Instagram. Una amiga nuestra de Madrid fue quien nos puso en contacto con él en cuanto le dijimos que íbamos a pasar unos días en El Cairo. Debe de tener treinta y pocos años, como nosotras, y parece tan majo como por WhatsApp. Sonríe todo el tiempo, tiene la piel de color café, el pelo negro y está muy delgado. Nos saluda dándonos la mano y entramos con él a los jardines.

—¡Bienvenidas! —nos dice en inglés.

—¡Muchas gracias! —responde Esther—. ¿Venimos adecuadas? No teníamos mucho que ponernos —le consulta a Mohamed un poco nerviosa.

—¡Sí! Vais perfectas. —Su inglés es bastante bueno.

—Esther cree que tenemos la cara muy dura al plantarnos aquí sin conocer de nada a los novios —le explico yo mientras nos adentramos en el complejo guiadas por nuestro anfitrión—. ¿Es normal en Egipto que a las bodas asistan desconocidos?

—¡No! Para nada. Sois muy afortunadas de poder asistir, este tipo de eventos siempre se organizan con todo detalle, con el número exacto de invitados. Pero como los novios son muy buenos amigos míos, me he atrevido a preguntarles y les parece genial que os unáis. Así que no os preocupéis en absoluto —nos tranquiliza Mohamed—. Venga, que vamos a entrar. —Nos pide silencio llevándose un dedo a los labios.

Entramos en lo que podría ser perfectamente una sala de reuniones pero en la que, en lugar de ejecutivos, están los invitados de la boda, con una joven vestida de blanco de la cabeza a los pies y un joven con traje de chaqueta a su lado. Mohamed se sitúa de pie entre los demás invitados. Hay espacio de sobra porque no somos muchos, con lo que Esther y yo llamamos la atención incluso más de lo esperado. Casi todas las mujeres llevan *hiyab*, el velo que cubre sus cabezas y van vestidas con colores apagados: negro, beige, gris, crema... Esther sí que va de oscuro, pero lleva una especie de kimono japonés cerrado con un cinturón y una falda hasta los pies que pegaría más en un evento de cómic manga. Yo me he puesto una chilaba larga que me tapa gran parte de los brazos. Daría el pego si no fuera por su tono rojo chillón. Pese a todo, los amigos y familiares de los novios miran hacia nosotras con algo de curiosidad pero se muestran afables, sin que resulte incómodo. Por lo menos para mí, porque Esther sigue hecha un manojo de nervios.

Creo que nos hemos perdido el principio de la ceremonia, porque los novios ya están sentados en torno a una mesa redonda, uno al lado del otro. Ella lleva la cabeza cubierta con un tupido *hiyab* blanco que oculta por completo su cabello y su cuello. Su vestido, del mismo color, tiene pedrería en el pecho y es completamente cerrado. Por contrapartida, le queda ajustado y marca su bonita figura. Está maquillada en exceso, con unas pestañas postizas que no le hacen falta, porque tiene una cara preciosa. Él no es, ni mucho menos, tan guapo como ella, pero va muy elegante con su traje negro, su pajarita y sus mocasines. Junto a ellos hay un hombre oficiando la ceremonia, así como el padre del novio, el de la novia y el cuñado de esta. Después del discurso del oficiante, son el futuro marido y su suegro los que, agarrados de la mano, pronuncian lo que parecen unos votos en árabe.

—El novio está diciendo que acepta el matrimonio y que se compromete a hacer feliz a su mujer —me traduce Mohamed en susurros.

Yo no pierdo ojo, estoy especialmente atenta a si la novia dice algo en un momento dado, hecho que no se produce. Tras haber sido nombrados marido y mujer, se levantan de la mesa sin que ella haya pronunciado ni una sola palabra. Visto desde fuera, lo que parece es un contrato entre el novio y su suegro, con la novia como objeto de la transacción. Pero soy muy consciente de que esta es solo la imagen que yo, sin comprender ni el árabe ni un ápice de esta cultura, he construido en mi cabeza. Tendré que profundizar para conocer cuál es la realidad detrás de esta primera impresión.

Los novios se sientan ahora en un sofá blanco y la gente hace cola para pasar a saludarlos. Nosotras nos acercamos juntas, a pesar de la vergüenza de Esther, para darles las gracias por habernos invitado. A los novios no les extraña nuestra presencia y nos sonríen con mucha dulzura y cariño. Luego Esther se sienta con Mohamed en una de las muchas mesas circulares que hay en la sala y yo me quedo de pie, observando cada detalle del evento: el arco de flores bajo el que están los recién casados, las pantallas de televisión que reproducen en directo cada uno de sus movimientos, el comportamiento de los invitados, los gestos de los novios... Al cabo de un rato, reparo en la presencia de una chica que está a mi lado y que de vez en cuando se gira hacia mí con una ligera sonrisa en sus labios pintados de rojo. Tiene una mirada muy pura y un rostro que emana ternura. Lleva un *hiyab* beige que envuelve su cabeza y su cuello, también un vestido negro largo y amplio que cubre su figura redondeada. Parece simpática y creo que le genero intriga.

—Hola, ¿hablas inglés? —le pregunto consciente de que en Egipto no todo el mundo controla este idioma.

Ella asiente, con lo que continúo presentándome—. Me llamo Verónica. Mi amiga y yo somos españolas y hemos venido un poco por casualidad. ¿Tú de qué parte vienes?

— Encantada de conocerte, mi nombre es Noha —contesta ella con gesto amable—. Soy amiga del novio y también de Mohamed, el chico que os ha invitado a vosotras. Somos todos compañeros de la universidad. ¿Te está gustando la boda? Debe de ser muy diferente a las de tu país.

—Sí, la verdad es que sí. —Me muero por preguntarle por qué la novia ni siquiera ha hablado en su propia boda, pero me muerdo la lengua para no asustarla—. ¿Ahora toca bailar? ¿Antes de la cena? —le pregunto al escuchar la música árabe, muy animada y a un volumen altísimo, que han puesto.

—Aquí se baila primero, se cena después y luego se vuelve a bailar. Vente. —Me coge de la mano para guiarme hasta el círculo que han formado la novia y otras mujeres a un lado de la pequeña pista de baile.

Yo me dejo llevar y, una vez metida en el grupo, la novia me coge de la mano y baila conmigo para integrarme del todo. ¡Qué mona! En realidad, ninguna está bailando, sino que solo se balancean muy ligeramente de un lado a otro sin moverse del sitio. Los hombres están cerca de nosotras, ellos sí que bailan con ímpetu y vehemencia formando un corro entre ellos. No veo ninguna pareja que esté bailando junta, es como si hubiera una barrera imaginaria que separase a ambos sexos. Se me acumulan las preguntas, pero las dejo aparcadas un rato y me centro plenamente en disfrutar del momento. Estoy en una boda musulmana en El Cairo, bailando con la novia, a la que no conocía hasta hace media hora. ¡No hay experiencia más genuina que esta!

Después de un buen rato de baile, si es que se le puede llamar así a ese leve contoneo, llega el momento de cenar. Cada uno se sienta donde le apetece porque no hay sitios asignados. Esther se queda con Mohamed y yo me pongo al lado de Noha, mi nueva amiga egipcia. No hay mantel en las mesas ni tampoco platos ni copas. En vez de eso, hay vasos de plástico, todos juntos, cada uno de ellos con un tenedor también de plástico dentro envuelto en una servilleta de papel. A su lado, muchas latas de refresco. Ni gota de alcohol. No es que yo me quiera agarrar una cogorza, pero tengo curiosidad y le pregunto a Noha al respecto.

—Los musulmanes no bebemos alcohol —me contesta ella—. Bueno, hay muchos que sí, pero no deberían. El profeta Mahoma dijo que si una bebida intoxica cuando se consume en grandes cantidades, está prohibido beberla incluso en una pequeña cantidad. —Se gira al percibir un movimiento detrás de ella—. Mira, ya nos traen la cena.

Un camarero me sirve con prisa y poco cuidado un plato de papel con una combinación curiosa de alimentos. En la parte derecha hay dos bollitos diminutos de hojaldre salado; en la izquierda, un perrito caliente con una salchicha de cordero especiada en su interior. Y en medio de ambas cosas... ¡sorpresa!: un pastelito de nata y chocolate. Todo en el mismo plato. Como *foodie* empedernida que soy, esta mezcolanza culinaria me deja patidifusa. Si al menos algo tuviera buena pinta... Lo primero que pienso es que quizá los novios, o sus familias, no tengan mucho nivel adquisitivo. Sin embargo, hay muchos aspectos que indican todo lo contrario: los relojes que llevan los padrinos, los vestidos de las madrinas, la decoración pomposa del lugar...

—Anda, qué curioso. En las bodas de España normalmente hay un cóctel o un menú de varios platos —le comento a Noha.

—En Egipto es más común que haya un *buffet*, o un menú, como los que tú dices que se sirven en España —me aclara ella—. Este plato variado es una costumbre tradicional algo anticuada. Los novios no han querido darle mucha importancia a la comida y se han decantado por esta opción.

Noha y yo nos ponemos a charlar. Me cuenta que es licenciada en Arquitectura y que trabaja como profesora de matemáticas en un colegio. Ahora que hay un poco de química entre nosotras, me atrevo a indagar sobre algunos detalles:

—Una pregunta Noha. Me ha sorprendido mucho que chicos y chicas no bailaseis juntos, ni siquiera las parejas. ¿Pasa siempre? ¿O es que esta es una boda muy clásica?

—Esta es bastante clásica, pero tampoco es de las más conservadoras. He estado en algunas bodas en las que hombres y mujeres no podían sentarse juntos —me cuenta mientras agarra el perrito caliente con cuidado para evitar que se manche de la nata del pastel que tiene al lado.

—¿Y es frecuente que en las bodas hablen únicamente el novio y su suegro, y que la novia no diga nada? —pregunto mientras parto con las manos un trozo del bollo salado.

—Totalmente. La novia no suele hablar porque lo bonito es que lo haga su padre, que es quien más la quiere —me cuenta—. Es un momento precioso, yo siempre lloro. Y los padres también suelen llorar. Si algún día me caso, a mí me encantaría que fuera mi padre el que hablase en mi nombre en mi boda. Y también hay casos en los que el novio tampoco participa y son los padres de ambos quienes dicen unas palabras. Es una muestra de respeto a sus progenitores.

—¿Por qué no son el padre de la novia y la madre del novio quienes hacen el acuerdo? —Intento que mi pregunta no parezca acusatoria.

—Porque en nuestra cultura, el hombre es el responsable del bienestar familiar. Es el encargado de mantenerla, que no es lo mismo que controlarla. La mujer pasa de estar bajo el cuidado de su padre, a estar bajo el de su marido. Por eso cuando el novio quiere casarse, va a la casa del padre de su novia a pedirle la mano de su hija. Pero ella no tiene por qué casarse si no quiere. El padre siempre le consulta antes de darle la aprobación al novio.

Pues menos mal, pienso sin decir nada.

—Por esa misma razón —continúa Noha—, cuando se reparte la herencia de una familia, el hijo se lleva el doble que las hijas.

—¿Cómo? ¡Por qué! —Esta vez no puedo controlarme y frunzo el ceño.

—Ya, ya sé que en occidente esto lo consideráis injusto, pero tiene un propósito. Según el islam, el hombre tiene que mantener no solo a su mujer, sino también a su propia hermana, en caso de que esta no esté casada, por lo que sus gastos pueden llegar a ser muy elevados. Si, además, tiene dinero suficiente, lo propio es que el esposo contrate a una empleada doméstica para evitarle el trabajo a su mujer. Eso es lo que dice la religión. Ahora bien, hay algunos entornos en los que la norma es que la mujer se ocupe de las tareas del hogar.

Solo veinte minutos después de habernos dejado el plato en la mesa, el camarero, que anda un poco acelerado, vuelve a recogerlo, y se lleva también los vasos y las latas usadas. La música, que había sonado a un volumen moderado durante la cena, vuelve a escucharse a toda su potencia. Me entran unas ganas locas de bailar y saltar porque el tema que suena es el más divertido que han puesto en toda la noche, pero refreno mis impulsos al ver, una vez más, que las mujeres siguen sin bailar. Los hombres, sin embargo, como es la última canción que sonará en la boda, vuelven a bailar desenfrenadamente.

—¿Queréis que vayamos a tomar algo a algún café? —nos propone Mohamed cuando, como todo el mundo, Esther y yo nos disponemos a coger nuestras cosas para luego despedirnos de los novios.

—Claro, ¿por qué no? —respondo— ¡Son solo las once y estamos de vacaciones! Noha, ¿te vienes?

—No puedo, Vero. Me tengo que ir ya a casa, que está mi hermano esperándome fuera para llevarme. Pero si mañana quedáis con él —dice señalando a Mohamed—, me apunto yo también.

Noha se despide de mí con un fuerte abrazo. Es muy cariñosa. La veo subirse en un coche mientras Esther y yo entramos en el de Mohamed. Me apetece pasar un rato con él, casi no hemos hablado durante la boda. La verdad es que, como anfitrión, este tipo no tiene parangón. No nos conoce de nada y, pese a eso, nos está tratando como si fuéramos sus amigas. En cierto modo, me identifico bastante con él. Yo también disfruto haciendo de cicerone cuando mis amigos extranjeros me visitan en Madrid, y procuro que tengan experiencias reales, cotidianas y auténticas. En cualquier caso, invitándonos a una boda, Mohamed me ha superado con creces. Se nota que ha viajado mucho y que ha vivido en otros países, un componente común entre la gente a la que le gusta encarnar esa faceta de guía. Con poco más de treinta años, ya ha residido en Europa, América y Oriente Medio. Deduzco que esto le habrá dado amplitud de miras, y creo que será interesante conversar con él en clave cultural.

Mohamed nos conduce hasta un barrio con muchísimo ajetreo llamado Heliopolis. Me sorprende lo animado que está. Ya son más de las once y en la calle hay riadas de gente. Los comercios, así como los puestos de comida, siguen todos abiertos e iluminados con molestas luces blancas.

—Qué pena que Noha se haya ido tan pronto —le digo a Mohamed mientras me quito el cinturón tras aparcar después de unas cuantas vueltas.

—Su familia no la deja quedarse más tiempo. Muchas mujeres solteras que viven en casa de sus padres tienen toque de queda —explica mientras sale del vehículo.

—¿Toque de queda? ¿Aunque tengan treinta o cuarenta años? —pregunta mi amiga Esther.

—Si pertenecen a familias muy tradicionales, sí. Lo hacen con la idea de protegerlas. Si a la chica se le hace tarde y hay un motivo para que incumpla el toque de queda, como la boda de hoy, la va a recoger algún hombre de su familia.

—Y deduzco que los hombres, aunque seáis solteros y viváis con vuestros padres, como en tu caso, no tenéis toque de queda... —digo.

—No lo tenemos porque se supone que nosotros no corremos peligro, pero a las mujeres les puede pasar cualquier cosa. Algo parecido ocurre en Europa, ¿no? Cuando salís tarde de una discoteca, os gusta volver acompañadas a casa. Esto es lo mismo, pero desde nuestro prisma cultural. —Se detiene enfrente de una acera repleta de mesas de plástico ocupadas—. ¿Nos sentamos en este café?

—Mohamed, ¿estás seguro de que podemos estar aquí? —le pregunta Esther, tras echar un vistazo al público—. Vamos a ser prácticamente las únicas mujeres.

—Sí, sin problema. Aquí no pasa nada; este barrio es muy moderno —dice mientras nos entrega una silla a cada una para que nos acomodemos.

—Pero yo he visto en El Cairo otros muchos cafés donde es impensable ver a una sola mujer —le digo.

—Es cierto, pero no es que las mujeres tengan vetado el acceso, sino que son ellas las que deciden no ir porque les resulta incómodo. Tenéis que entender cómo es nuestra cultura: en Egipto los hombres somos los que trabajamos hasta más tarde y, al salir de la oficina, habitualmente nos reunimos con los amigos en uno de estos cafés. Entre las mujeres nunca ha habido ningún motivo para estar en la calle hasta tan tarde, por lo que no tienen tanta costumbre de venir a estos sitios.

—Mohamed, tú que has vivido en el extranjero, ¿crees que en Egipto hay igualdad de género? —le planteo directamente.

El camarero nos ha servido unos tés con hielo de color magenta que resulta ser hibisco.

—Sí que la hay, aquí las mujeres pueden hacer lo que quieran, tienen plena libertad. Hace años se empezó a hablar de la igualdad de género, pero ya no hay ningún debate al respecto porque la sociedad asume que ya se ha alcanzado —asegura.

—No estoy de acuerdo... Egipto será un país igualitario cuando las mujeres puedan salir a la calle tan tarde como quieran, tal y como hacéis los hombres —le digo.

—Lo que dices es correcto como concepto. Pero hay algo que estás pasando por alto y que es válido para todos los países: es más probable que ataquen a una mujer que a un hombre. Nosotros, por defecto, nos preocupamos de que no les pase nada a las mujeres de nuestro entorno. Cuando yo vivía en Canadá y terminaba de trabajar cuando ya era de noche, ofrecía a mis compañeras llevarlas en coche a su casa para que no fueran solas. Y en concreto, en Egipto, el que cuida a la mujer es el hombre de familia, ya sea el padre, el hermano o el marido. Protegerlas es nuestra responsabilidad.

Terminado el empalagoso té de hibisco, Esther y yo cogemos un Uber de vuelta a nuestro hotel. Me voy a la cama pensando en que la percepción de la igualdad de género no tiene por qué ser la misma en todas partes del mundo. En Egipto y otros países árabes, las mujeres evitan hacer ciertas cosas no por prohibición, sino por cautela. No comparto el razonamiento de Mohamed, pero, esforzándome, puedo llegar a entenderlo. ¿No actuamos igual en España? Nadie nos prohíbe volver solas andando, pero puede que prefiramos coger un taxi. Nadie nos prohíbe salir en minifalda, pero a veces no nos apetece exponernos tanto. Nadie nos prohíbe acostarnos con un desconocido, pero no a todas nos parece una buena idea. El quid de la cuestión es que en Egipto, en España o en cualquier otro país, lo que nos mueve a tomar esas decisiones es el miedo. Ése es el problema.

Al día siguiente, Esther y yo recorremos las calles de El Cairo. Como nos acostamos tarde no hemos conseguido madrugar y el calor que hace aquí en julio al mediodía es insoportable. Para refrescarnos, paramos en un kiosco a comprar un delicioso zumo de mango. Es pura fruta triturada hasta alcanzar una textura densa y sedosa. ¡Y qué sabor tiene el mango egipcio! Puede parecer algo básico, pero esta es una de las mejores cosas que pueden comerse en esta ciudad. Con el azúcar de la fruta en vena proseguimos el paseo, caminamos sin rumbo apreciando la decadencia arquitectónica de El Cairo. Durante todo el paseo nos sentimos permanentemente observadas. Nuestros pantalones largos y vaporosos no dejan ni un centímetro a la vista, pero llevamos camisetas de tirantes que dejan los brazos al aire. Aunque sabemos que lo correcto aquí es ir con manga larga, las altas temperaturas lo hacen imposible para nosotras. Creemos que ése es el motivo de que los hombres nos miren descaradamente, un par de adolescentes llegan incluso a tocarnos el culo y luego salen corriendo. No estamos cómodas.

Más tarde nos desplazamos hasta las afueras de la ciudad. Allí hemos quedado con Noha y Mohamed, que no han querido decirnos adónde nos llevan. Solo nos han advertido de que es un sitio con un ambiente completamente local, de esos a los que a mí me gusta ir cuando viajo. Al bajar del Uber nos encontramos un puesto de comida callejera señalizado con un gran cartel verde escrito en árabe. Sentado en una banqueta muy bajita hay un joven dorando cebolla en una especie de wok. Al lado tiene una balanza antigua, que parece una reliquia de una tienda de antigüedades. Me sorprende la pulcritud del tenderete, que no tiene ni mota de polvo pese a estar en plena calle. Saludamos a Mohamed con la mano y a Noha con un abrazo.

—Es un puesto famoso por el hígado de camello: ¡está buenísimo! —nos dice Mohamed con una sonrisa de oreja a oreja—. Es probable que seáis las únicas extranjeras que hayan pasado por aquí. Más autóctono no puede ser.

—Cada mañana traen el hígado fresquísimo, lo trocean en esa tabla de madera, y luego lo cocinan con cebolla, ajo y tomate. Ya veréis, os va a encantar —comenta Noha relamiéndose—. Además, es muy saludable.

¡Ups! No sé cómo decirles que el hígado es de los pocos platos que detesto. Y lo digo por conocimiento de causa: lo he probado en siete países del mundo, cocinado de formas muy diferentes. No ha habido forma, me repugna. Imagínate si, encima, es de camello. En cualquier caso, estoy encantada con lo genuino que me parece el puesto, al que jamás habría llegado de no estar en contacto con gente del país. Mientras el cocinero prepara este guiso que me apetece tan poco, nos sentamos los cuatro a una pequeña mesa de acero inoxidable y comenzamos a charlar. Yo no pierdo el tiempo y conduzco el tema adonde me interesa:

—Ayer en la boda ibais casi todas con *hiyab* y veo que tú lo llevas hoy también. ¿Es algo que os ponéis siempre o solo en ocasiones especiales?

—Si usas *hiyab*, lo haces a diario —responde Noha—. Y si no, no te lo pones nunca. Yo lo llevo porque mi religión pide recato tanto a hombres como a mujeres. Nosotras debemos cubrir nuestro pelo y nuestro pecho para no tentarles, y ellos tienen que evitar mirarnos, independientemente de que vayamos completamente tapadas o más expuestas. Al hacer lo que dicta el islam, me siento más cerca de Dios, porque estoy actuando correctamente.

—Ojo, que esto es válido también para los hombres —interrumpe Mohamed al tiempo que parte un trozo de pan de pita—. Si yo fuera un tío guapísimo y fuese por la vida con la camisa desabrochada, estaría provocando a las mujeres y ellas no podrían controlar su deseo sexual al cien por cien. Si somos más recatados, es más fácil evitar esos impulsos. ¡Las mujeres se tapan más porque son más guapas que los hombres! —Se ríe de una forma que resulta contagiosa—. Por eso se cubren, no es porque vayamos a hacerles nada, sino porque no debemos siquiera pensar en una mujer en esos términos.

—Pero ayer, en la boda, había algunas mujeres que iban con el pelo suelto y vestidos bastante ceñidos. ¿Qué opináis de ellas? ¿Las consideráis unas provocadoras? —les digo.

Acaban de traernos el hígado, lo observo con recelo.

—¡Esas mujeres son nuestras amigas! —replica Noha—. No son provocadoras, simplemente eligen no llevar *hiyab* porque no hacen la misma interpretación del

Corán que yo. O porque están atravesando un periodo en el que tienen la autoestima baja y se ven mejor sin él. Y eso es respetable; que cada una haga lo que considere conveniente. —Pincha con el tenedor un pedazo de camello y se lo mete en la boca.

—Tenemos compañeras de la universidad que han llevado el *hiyab* durante años, luego se lo han quitado otra temporada y tiempo después se lo han vuelto a poner —dice Mohamed—. Resulta complicado estar siempre comprometido con unos principios. Es comprensible que una chica vea un vestido precioso y no resista la tentación de comprárselo pese a ser ajustado. No somos perfectos.

—Entonces, ¿lleváis el *hiyab* por voluntad propia? ¿Nadie os lo impone? —pregunta Esther, al tiempo que se anima a pinchar un pedazo de camello.

—En contra de lo que pensáis los occidentales, nadie nos obliga a hacerlo. El *hiyab* es elección de cada mujer —dice Noha sin acritud ninguna—. De hecho, mi padre se enfadó conmigo cuando empecé a usarlo, porque solo tenía trece años y él consideraba que aún no era lo suficientemente madura como para tomar esa decisión. Pero yo soy muy cabezota y no le hice caso.

—Pero bueno, es cierto que hay familias que presionan a sus hijas para que lo lleven —admite Mohamed—, igual que los padres de las familias españolas más religiosas exigen a sus hijos ir a misa todos los domingos. Ellos lo acatan y en muchos casos acuden por convencimiento. Esos padres, seguramente, no dejen a sus hijas ir a la parroquia con una minifalda cortísima y un *escotazo*, ¿verdad? Probablemente, ellas tampoco estén cómodas yendo a misa vestidas así. Lo mismo pasa aquí con el *hiyab*.

—Y no te creas que todo el mundo en Egipto viste igual —interviene Noha—. En El Cairo hay barrios donde se ven muchas mujeres con burka y otras zonas en las que todas van en vaqueros y con el pelo suelto. En la costa, donde habéis estado buceando vosotras, seguro que habéis visto a chicas en bikini y en pantalón corto.

—¿Tú cómo vas vestida a la playa, Noha? —le pregunto.

—Yo llevo *burkini*, porque de lo contrario no me siento cómoda delante de los hombres. Pero cuando voy a una piscina solo para mujeres, me pongo bañador. Y cuando mis amigas y yo organizamos una noche de chicas en casa de alguna, nos quitamos el *hiyab* —afirma Noha.

No me gusta pensar que esta chica tan maja lleve burkini, pero después de sentirme tan observada en las calles de El Cairo por enseñar los brazos, entiendo que quiera mostrar lo menos posible. Y las miradas no son nada comparado con lo que nos podría haber pasado. Según una encuesta de la ONU, el 99,3% de las mujeres egipcias ha sufrido algún tipo de acoso, y el 60% de ellas han sido violadas. Es escalofriante. Aunque sea un tema incómodo, considero que mis interlocutores no tendrán problema en hablarlo.

—Esta cifra es una barbaridad. ¿Cómo puede ocurrir esto? —pregunta Esther.

—Por fortuna, a mí no me ha pasado nunca —dice Noha—, pero sé que sucede, y que sucede a menudo. En el autobús, en la calle, en el trabajo... Y lo peor de todo es que los hombres que lo hacen quedan impunes. Si lo denuncias, la policía le quitará hierro al asunto. La ley no protege a la mujer, pero ya están trabajando para solucionar este problema.

—Pero, ¿a qué se debe? —insisto—. ¿Puede que, como los hombres aquí no están acostumbrados a ver ni las muñecas de la mujer, se vuelvan absolutamente locos al toparse con alguna chica que muestre un poco?

—No tiene nada que ver con eso, porque los hombres que incumplen la norma del recato nos miran a todas, llevemos o no *hiyab*, vayamos más o menos tapadas —asegura Noha.

Lo que ella dice concuerda con el informe de la ONU: el 72% de las mujeres egipcias encuestadas niega que la forma de vestir de la mujer afecte, porque considera que los hombres acosan a cualquier mujer sea cual sea su atuendo.

—¿Creéis que si las normas no fueran tan estrictas los hombres estarían menos reprimidos y, en consecuencia, no actuarían de esa forma? —me atrevo a decir.

—Recuerda que no son normas: son elecciones —asegura Noha—. Somos musulmanas, pero cada uno toma de la religión lo que más le gusta. Hay gente más practicante que otra. Y además del islam, muchos de nuestros comportamientos vienen determinados por nuestra cultura. Esas tradiciones son más o menos conservadoras en función del entorno y la familia, igual que ocurre en cualquier país del mundo.

Llegados a este punto, es mejor dejar el tema y disfrutar de la convivencia con estos egipcios que tan amablemente nos han recibido. Creo que nunca me será posible comulgar con sus ideas, pero siento que este viaje ha cambiado algo mi forma de ver las cosas. Aquí, en

Oriente Medio, las mujeres occidentales solemos dar la impresión de ser excesivamente compasivas y condescendientes con las musulmanas, al dar por hecho que viven sometidas al hombre y que no tienen voz propia. Y es cierto que a menudo pensamos así, considerándonos imbuidas de una supuesta superioridad moral. Por eso, si hago un ejercicio de abstracción enorme y me libero unos segundos de los conceptos inherentes a mi cultura, puedo comprender los argumentos de Noha, que son fruto de la suya. A partir de ahora, dudo que juzgue a una mujer por llevar *hiyab*, porque a mis ojos será un complemento cualquiera, como una diadema, un sombrero o una gorra.

Eso sí, de lo que no va a convencerme Noha es de que pruebe este hígado de camello que a ella tanto le gusta. Ni loca.

15

LUBA Y LA FAMILIA

Estoy muy nerviosa. Hace dos años que no veo a Luba y sé que en cuanto la abrace romperé a llorar. Y probablemente ella también. He venido a recogerla al aeropuerto de Madrid. Espero que no llegue muy cansada. El vuelo desde Kiev tampoco es tan largo. Bueno, no lo es para mí, que me paso la vida en las nubes, literalmente. Quizá para ella y sus sesenta y ocho años esas cuatro horas a bordo de un avión se hagan un poco duras. Empieza a salir la gente. Creo que es ella. O quizá no. Con la mascarilla no la reconozco bien... Puede que... Sí, ¡es Luba! Tengo un nudo en la garganta. Aguanta, Vero. Aguanta.

—¡*Lubaaaa*! —grito su nombre mientras contengo las lágrimas.

—¡*Verónicaaa*! —contesta ella tirando de su maleta y acercándose a mí.

Al abrazarnos, las dos empezamos a llorar, cada una con la barbilla apoyada en el hombro de la otra. Lloramos de emoción, de nostalgia, de tristeza, de cariño. El abrazo ha sido la chispa que ha encendido los recuerdos que nos unen. Recuerdos personales vinculados a mis abuelos.

Luba llegó a mi familia en 2003. Ella tenía cincuenta años y hacía solo unos meses que estaba viviendo en España. Por aquel entonces, mi abuelo, que había sido un terremoto toda su vida, empezaba a necesitar ayuda constante a sus noventa y un años. Mi abuela, de ochenta y dos, ya no podía ni levantarlo de la cama, tal y como había hecho los últimos años. Con ellos vivía una de sus hijas, mi tía Maca, que en esos tiempos tenía cuarenta y nueve años, aunque su inocencia siempre haya sido la de una niña de catorce. Maca nació con unas *capacidades especiales* que la convierten en una de las personas más *extraordinarias* y genuinas de este mundo. Fue en ese momento cuando mi madre y mis tíos se dieron cuenta de que necesitaban contratar a alguien para que cuidara de los tres a todas horas. Ahí es cuando apareció Luba, con su cortito pelo rubio, su piel blanca y tersa y sus pequeños ojos verdes. Una ucraniana que no solo estaba dispuesta, sino que en ese momento de su vida estaba interesada en ser empleada doméstica interna. Un trabajo duro donde los haya, y más en ese hogar, que era una auténtica casa de locos. Sus habitantes eran un nonagenario con muchísimo genio —obvio, era donostiarra—, una octogenaria que repetía sin descanso sus historias de adolescencia y una mujer singular de carácter ciclotímico, divertidísimo a la par que agotador. Todos ellos medio sordos y hablando casi siempre a gritos, sin entenderse los unos a los otros. Y, a su cargo, una ucraniana que en esos momentos no hablaba ni una palabra de español. Me produce risa recordarlo. Pese a todo, Luba era una mujer que no se alteraba nunca. Controlaba la situación con una mezcla perfecta de paciencia, firmeza y amor. Razón por la que, desde el principio, los tres la adoraban. No me extraña nada. Es fácil hacerlo.

Luba tiene una dulzura natural muy característica. Se aprecia en su forma de estar siempre atenta a los detalles, de mimar sin ser empalagosa, de saber entender al otro para hacerle sentir a gusto. Mi abuela comprendió enseguida que era una mujer comprometida y muy humana. Maca encontró en ella a su mayor apoyo: alguien que se reía de sus chistes, la reconfortaba y la serenaba en sus rabietas diarias. Y mi abuelo... mi abuelo a Luba la llamaba *mi ángel*. Y *su ángel* le acompañó hasta que murió, dos años después, en el chalet adosado de las afueras de Madrid donde vivían.

Fue allí donde siguieron viviendo estas tres mujeres esenciales en mi vida, con las que mi hermano y yo solíamos ir a comer entre semana en época universitaria, además de verlas todos los domingos en casa de mis padres. Nuestra visita era su dosis de alegría diaria, y decidir qué iban a prepararnos para comer, su hobby.

—Mañana viene Verónica; haremos coliflor con bechamel —decía Luba chillando al recibir mi llamada para avisar de que iría al día siguiente.

—Y pasado viene Nicolás, le haremos macarrones con queso —contestaba mi abuela con ese hilito de voz que tenía en sus últimos años de vida.

Por motivos personales y profesionales, durante años Luba estuvo yendo y viniendo de su país por temporadas, hasta que se marchó de España definitivamente en 2020. En el transcurso de uno de esos periodos que pasó en Ucrania, mi abuela se nos fue. Yo estaba grabando en Hong Kong cuando me llamaron para decirme que estaba muy débil. Me gusta pensar que esperó a que volviera para poder despedirme de ella antes de apagarse para siempre, con noventa y ocho años. Su pérdida fue un golpe muy duro que creo que aún no he superado. Pero lo peor fue el sufrimiento de Maca, que no se había separado de su madre en toda su vida y que en el momento de perderla tampoco tenía a su lado a su mejor amiga: Luba.

Actualmente, mi tía Maca se encuentra algo mejor y, por fortuna, la tecnología le permite sentir cerca a Luba aunque esté físicamente lejos. Se llaman por teléfono y hacen videollamadas con frecuencia. Aun así, Maca la echa muchísimo de menos. Hoy cumple sesenta y siete años y sabemos que ningún regalo le haría más ilusión que ver a Luba en persona, así que ha venido a Madrid para darle una sorpresa. Maca todavía no sabe nada. En estos momentos está con mi madre, la artífice del plan, y en poco rato podrán estar juntas. Primero voy a secarme las lágrimas y sonarme la nariz, le voy a dar otro pañuelo a Luba, y luego vamos al parking a subirnos en mi coche.

—¿Qué tal Lubi? ¿Cómo estás allí en Ucrania? —le pregunto mientras introduzco el tique y cruzo la barrera para salir del aeropuerto.

—Bien, bueno. Un poco aburrida —me contesta en un español un tanto oxidado.

—¿Y eso? ¿No ves a tus hijos, a tus nietos? —pregunto.

—No mucho, es que uno vive en Polonia y el otro en Kiev, y yo estoy en el pueblo donde nací, que está a unas cinco horas de la capital —me explica algo resignada—. Ahora que estoy viuda, quedo mucho con los vecinos y con mi hermana, pero a veces me encuentro un poco sola.

—Tus hijos irán a verte de vez en cuando, ¿no?

—Sí, en verano vienen a mi casa a pasar un par de semanas. Pero el resto del año es complicado. Ya sabes, tienen poco tiempo. Es como en Madrid, todo va muy deprisa: trabajar, hacer la compra, llevar a los niños al cole, y el fin de semana tienen siempre alguna historia.

Esta respuesta me sorprende bastante. Luba dejó Ucrania para poder hacer dinero en España y ayudar a sus hijos a comprarse sendos pisos. Una vez conseguido el reto, resulta que ni siquiera los tiene cerca. No culpo de ello a sus hijos, que están desarrollando sus respectivas carreras donde han encontrado oportunidades, y seguro que son conscientes del esfuerzo que ha hecho su madre para apoyarles económicamente. ¡Pero, qué perra es la vida! Te pasas años trabajando en otro país para mantener a tu familia y, cuando vuelves, no puedes disfrutar de ellos por las circunstancias que sea.

La de Luba es la realidad de otras muchas mujeres. De cada cinco empleadas del hogar que hay en el mundo, al menos una es migrante. Y hablo en femenino porque se estima que el 90% del sector doméstico son mujeres. Son ellas las que, en muchos casos, sostienen la vida familiar en su país de origen y, a la vez, en su país de destino. Luba, por ejemplo, cuidaba a una familia española, para así contribuir a la economía de su propia familia en Ucrania.

Lo llamativo de Luba es que jamás se había dedicado al empleo doméstico antes de emigrar. Ella es economista de profesión y en Ucrania trabajaba en un banco. Su marido se dedicaba a la estadística y, pese a los dos sueldos, no ganaban mucho dinero, motivo que le impulsó a venir a España. Nunca me he sabido muy bien esta parte de su historia, así que aprovecho el trayecto en coche para preguntarle al respecto.

—En los noventa, la situación en mi país era terrible —me cuenta—. Cuando cayó el sistema comunista, las antiguas repúblicas soviéticas intentaron adaptarse a la economía de libre mercado con dificultad. Los salarios bajaron un 40% en muchos casos, y yo a finales de esa década solo cobraba cien euros al mes.

—Si tú, siendo economista en un banco, tenías ese sueldo, no me quiero ni imaginar cómo sobrevivió la gente sin formación... —Aparto mi vista de la carretera durante unos segundos para mirarla.

—Ni siquiera mi marido tenía un salario decente, y eso que era director del Centro de Estadística de mi región y profesor en una universidad de prestigio. Había muchos meses que el Estado ni siquiera le pagaba. En aquellos tiempos, Ucrania era un país muy corrupto. Y bueno, tampoco ha cambiado mucho la cosa.

—¿Y por qué viniste tú a España en lugar de tu marido? O, ¿por qué no vinisteis los dos juntos?

—Él ganaba más dinero que yo, y como era profesor en la universidad, los estudios de nuestros hijos nos salían gratis. Hicimos cálculos y económicamente compensaba que él se quedara.

—Imagino que fue frustrante tener que abandonar tu carrera profesional de economista. —Pongo el intermitente para incorporarme a la M40.

—Por suerte ya la había ejercido durante mucho tiempo y me quedaba poco para jubilarme. Laboralmente estaba satisfecha. Pero, más allá de eso, era lo que me tocaba, Verónica. Lo hemos hecho muchas ucranianas de mi generación. Mi nuera, por ejemplo, es cardióloga y ahora trabaja cuidando ancianos en Israel porque es la única vía que tiene para alimentar a su familia. Yo no quería que mis hijos vivieran con tan poco dinero. Tenía que irme y me fui.

—Tuvo que ser muy difícil separarte de tus hijos y de tu marido...

—Los primeros tres meses fueron durísimos. Piensa que era 2003 y la tecnología no funcionaba tan bien como ahora. Mi única opción para hablar con ellos era ir a un locutorio. No podíamos comunicarnos a través de una pantalla, no podía mandarles un wasap cuando quería... ¡Estuve un año y medio sin verlos! Lloraba mucho, pero mis hijos necesitaban ropa, necesitaban comida... Yo solo pensaba «un poquito más, un poquito más y vuelvo a casa».

—Qué entereza, Lubi, es admirable. Oye, nunca te he preguntado por qué escogiste España.

—En comparación, aquí los sueldos eran bastante altos y podía empezar a trabajar sin tener todos los papeles oficiales. Además, entre los españoles no hay xenofobia contra los ucranianos. —Se aparta el cinturón de seguridad para quitarse una de las cincuenta capas de ropa que lleva puestas—. Pero la razón principal fue que yo tenía una amiga aquí. Y fíjate. Ahora, casi veinte años después, en España no solo tengo amigos, sino también una segunda familia —dice con una sonrisa girándose hacia mí.

Una segunda familia que la echa en falta mucho más de lo que pueda imaginar y que está esperándola con los brazos abiertos a pocos kilómetros de aquí, en casa de mis padres. Al acercarnos a la urbanización, que es la misma en la que vivían mis abuelos, Luba comienza a suspirar.

—Estos parques, estos árboles, estas calles... Qué recuerdos, los paseos que me daba aquí con tus abuelos...

—Cómo te querían, Luba... La abuela era un trozo de pan con todo el mundo. Pero el abuelo, que era más duro de roer..., ¡te adoraba!

—Y yo a ellos... ¿Sabes que fue tu abuelo quien me enseñó a hablar español?

—¡Ja, ja, ja! ¡No tenía ni idea! La verdad es que no me acuerdo de eso...

—Pero sí que te acuerdas de que cuando llegué no decía ni mu, ¿verdad? Solo sabía decir abrigo y sombrero, que era lo que me pedía tu abuelo cuando le sacaba a la calle en su silla de ruedas —dice soltando una risotada.

—Fui yo quien se quedó con su sombrero verde, por cierto —confieso.

—¡Qué suerte! Es precioso. —Me mira sonriendo—. Pues tu abuelo me corregía todo el rato para que aprendiese a hablar correctamente. «Esto no se dice así, se dice asá».

Lo cierto es que Luba aprendió español muy rápido. Pero claro, el idioma fue solo una de las cosas que tuvo que asumir. La comida, la moneda, la gente, el clima... Muchos cambios a los que es fácil adaptarse cuando se es joven, pero que cuesta más aceptar a medida que creces. La mayoría de las mujeres inmigrantes que llegan a España para trabajar como empleadas del hogar suelen tener entre veinte y treinta y nueve años. Y el 51% de todos los ucranianos que viven en nuestro país tienen entre veinte y cuarenta años. Sin embargo, Luba se atrevió a cambiar de vida con cincuenta años. Es una de las personas más fuertes, valientes y luchadoras que conozco.

—¡Estoy nerviosa! —confiesa Luba al bajar del coche, poniendo su mano en el pecho para sentir el pálpito acelerado de su corazón.

—Ya, yo también. —Saco su equipaje del maletero—. Se va a volver loca cuando te vea.

Aunque tengo las llaves de casa de mis padres en el bolso, opto por llamar al timbre para avisar a mi madre de que Luba y yo ya hemos llegado. No hay peligro de que Maca, que está sorda como una tapia, se entere. Al acercarnos a la puerta, mi madre abre y le da un abrazo muy fuerte pero muy corto a Luba, con la idea de no perder tiempo y sorprender a Maca lo antes posible.

—¡Qué guapa estás, Lubi! —le dice en un susurro que, aunque es totalmente innecesario, le sale de forma natural—. Ven, está cosiendo en el salón.

Mi madre coge de la mano a Luba y, sin dejarla ni saludar a mi padre, que está cortando cebolla en la cocina, la conduce hasta la butaca donde está sentada Maca haciendo punto de cruz. Aprovechando que nos está dando la espalda, Luba se aproxima a ella y le tapa los ojos con las manos.

—¡Uy! ¿Quién es? —pregunta Maca con una sonrisilla en la boca. Deja el aro de bordado en sus muslos para tocar las manos de Luba con las suyas—. Eres Verónica, ¿a que sí?

—*Nooo*, no es Verónica —le contesta mi madre chillando a pleno pulmón para que Maca pueda oírla.

—Pues entonces es Nicolás —dice Maca en referencia a mi hermano.

—Frío, frío —responde mi madre, indicándole a Luba que rodee el sofá para ponerse delante de Maca.

Cuando la ve, Maca se agarra a los brazos de la butaca sin apenas gesticular, como paralizada.

—No me lo creo. No me lo creo. —Se pega las gafas a la nariz—. ¿Es verdad? ¿Esto es verdad? No puede ser. Es un sueño.

—¡Maquita! ¡Felicidades! —grita Luba, al tiempo que se agacha para abrazarla con unas lagrimillas de emoción en las mejillas.

—Pero, pero... No puede ser. Si estaba en Ucrania... —repite Maca una y otra vez, como si estuviera en *shock*.

—Que sí, Maca. ¡Que es Luba! —le dice mi madre ayudándola a ponerse de pie.

Maca mira fijamente a Luba mientras esta le coge la mano y, por fin, parece creerse lo que está viendo. Es entonces cuando se le pone en la cara una sonrisa de niña pequeña y empieza a dar saltitos de alegría, tan grandes como su sobrepeso le permite.

—¡Bien! ¡Bien! ¡Lubita! —chilla entusiasmada—. Y ya te quedas en Madrid conmigo. ¿A que sí?

—No, Macoqui —le explico yo cariñosamente—. Luba ha venido para estar contigo por tu cumple y el miércoles tiene que volverse a Ucrania. Así que vamos a exprimir el tiempo al máximo para disfrutar de ella, ¿vale?

—Ah. Vale, vale.

Mi madre y yo nos miramos torciendo el morro, como preguntándonos si esto habrá sido buena idea. Pero después de unos segundos, lo que dice Maca nos confirma que sí lo ha sido.

—Esta tarde invito yo a merendar en VIPS por mi cumple, ¿vale? Así celebramos que Luba ha venido a verme.

—Claro que sí, Maquita. Y pedimos tortitas y sándwich club, como siempre —contesta Luba con ternura.

Poco después llega mi hermano y nos juntamos todos en la cocina para acompañar a mi padre. Está preparando la famosa receta de carne asada de mi abuela, que ella misma le enseñó. Aunque esté mal decirlo, mi padre siempre fue su yerno favorito. Mi madre se ha puesto a preparar un aperitivo y mi hermano está haciendo unos *Bloody Mary*. Maca está enseñándole a Luba sus progresos en el punto de cruz. Allí, parada en medio, observándolos a todos, siento al mismo tiempo felicidad al ver a Maca tan contenta, nostalgia por los domingos de antaño y tristeza porque aquí falta mi abuela, leyendo el periódico en su silla de ruedas. Se me pone un nudo en la garganta que disipo con un buen trago de *Bloody Mary*, que mi hermano ha preparado con el punto perfecto de picante.

—¡Hala!, listo. Esto ya está —dice mi padre—. Verónica, lleva el pan. Nico, tú las copas de vino.

Gozamos de una deliciosa comida en familia, viendo a mi tía disfrutar de la presencia de Luba. Después de empacharnos con la tarta de cumpleaños, todos se van a dormir la siesta menos Luba, mi madre y yo, que nos quedamos de sobremesa. Mientras ellas charlan, me pongo a reflexionar. Luba llegó cuando yo era solo una adolescente. Nunca reparé en muchos aspectos de su vida que ahora, como adulta y tras haber viajado por más de setenta países, me generan mucha curiosidad. Entre otros, el hecho de que Luba haya pasado diecisiete años cambiando su lugar de residencia de Ucrania a España y viceversa en varias ocasiones, viviendo una vida distinta en cada país.

—Lubi, recuerdo que tiempo después de que muriera el abuelo, volviste a tu país durante unos cuantos años —Interrumpo.

—Claro, ¿no te acuerdas? —contesta mi madre—. Tuvo que regresar una temporada para poder jubilarse oficialmente.

—Me obligaban a trabajar otros cuatro años en el banco porque, de lo contrario, mi vida laboral no me alcanzaba para cobrar la pensión —aclara Luba.

—Supongo que sería una gozada desempeñar de nuevo tu trabajo como economista, en tu tierra, con tu gente... —le digo.

—Me encantó volver al banco, claro —admite Luba—. Mi jefe era el mismo que había tenido toda la vida, mis compañeros eran mis amigos de siempre... Además, tenía a mi marido y a mi familia más cerca.

—¿Y luego por qué volviste a España? —le pregunto.

—Cuando me jubilé me llamó tu madre diciendo que tu abuela se había roto la cadera y que Maca estaba muy triste sin mí —explica mirando a mi madre—. No me lo pensé mucho. Reconozco que al no tener trabajo me aburría bastante. Y lo cierto es que yo también las echaba de menos a ellas. Ya te he dicho muchas veces, Verónica, que yo tengo el corazón dividido entre Ucrania y España.

Mi madre agarra del antebrazo a Luba y yo le paso la mano por la mejilla. En esta casa somos muy sentimentales.

—¿Qué decía tu marido de que dejaras Ucrania una vez más? —vuelvo a preguntar.

—Obviamente, ambos comprendíamos que el dinero nos iba a venir muy bien. Mi pensión es bajísima. Aparte, él sabía que yo necesito mucha actividad. Ya me conocéis. Soy hiperactiva y allí no tenía mucho que hacer. En cualquier caso, cuando no llevaba ni seis meses en Madrid, tuve que regresar a Ucrania porque a mi marido le diagnosticaron cáncer de pulmón —me cuenta con naturalidad.

No lo recordaba. Luba se quedó con él hasta que murió dos años después. Luego volvió a Madrid a cuidar a mi abuela y a mi tía Maca. Con ellas estuvo viviendo otros dos años antes de regresar de nuevo a Ucrania con la idea de ver más a sus hijos y nietos. Pero dice que allí no tenía mucho entretenimiento y que necesitaba distraerse, por lo que volvió a España por cuarta vez, a trabajar en casa de otra familia, porque para entonces mi abuela ya había fallecido y Maca se había ido a vivir con mis tíos. Estando en España le pilló la pandemia y, muchos meses después del confinamiento, se fue definitivamente a Ucrania, donde vive ahora.

—¿Y no te agotaba tanto cambio de país y de vida? Economista allí, trabajadora doméstica aquí, luego jubilada allí, para volver a ser interna aquí...

—Como te digo, lo más duro fue venir a España por primera vez porque estuve mucho tiempo sin ver a mi familia, ni siquiera por la pantalla de un móvil. La segunda vez que vine fue más fácil. Hacíamos videollamada todos los días, mis hijos conocían a tu abuela y ella pedía ver a mis nietos. Maca les hacía bailes y se reían mucho con ella —relata Luba con nostalgia—. Y, bueno, las vueltas a mi país también eran difíciles. ¡Las extrañaba tanto! A ellas y a la casa de Madrid, que tu abuela siempre tenía llena de flores. Para reconfortarme, compraba macetas y las colocaba en las ventanas de mi pequeño piso de Ucrania.

—Haciendo balance, Luba... ¿volverías a actuar de la misma forma, sabiendo el dolor y el sacrificio que entraña dejar lejos a tu familia, aunque sea por su bien? —le pregunto.

—Mi trabajo en España ha ayudado mucho a mis hijos —responde—. Si no hubiese venido, no sé cómo les habría ido en la vida. Y, gracias a Dios, di con una familia como la vuestra. Lo que sí me da pena es mi marido. De haber sabido que iba a morir tan pronto, no habría invertido tanto tiempo fuera. Sus últimos años casi no estuvimos juntos...

—Qué doloroso... Hay poca gente capaz de soportar estar lejos de sus hijos y nietos tanto tiempo —dice mi madre—. ¿No has tenido la sensación de que te estabas perdiendo parte de su vida?

—Por suerte, cuando yo me fui mis hijos ya eran mayores y había vivido con ellos su infancia y su juventud. Antes de irme a España también pude estar mucho con mis nietos, aunque hay uno de ellos al que no conocí hasta que cumplió dos años. Me moría de ganas de verlo, de cuidarlo.... Pero es que ahora tampoco disfruto de él porque mi hijo ha tenido que emigrar y vive en Polonia. Y el otro en Kiev. Aunque me siento un poco sola, entiendo que mis hijos y mis nueras no quieren que viva con ellos. Cada familia tiene que crecer sola y yo solo les visito de vez en cuando. Por eso no descarto volver a España, aquí creo que me sentiría más arropada.

Lo que cuenta Luba es terrible. Desgraciadamente es lo que experimentan muchos padres y abuelos. Son quienes nos han traído al mundo, quienes nos han criado, quienes nos lo han dado todo. Y, pese a eso, en lugar de estar en el centro de nuestra vida, en muchos casos pasan a un segundo plano. Resulta injusto.

Si finalmente Luba vuelve a España, será para ejercer de nuevo como empleada doméstica interna, un trabajo que en Europa está casi extinguido. España es de los pocos países donde se mantiene el régimen de interna de manera legal. Tiene, junto con Italia, la mayor tasa de trabajadoras del hogar de todo Europa y casi un 50% de ellas son internas. Los expertos achacan estos datos, por un lado, a los horarios laborales de nuestro país, que imposibilitan la conciliación. Por otro, al hecho de que en España escasean los recursos públicos destinados a la población dependiente. Los españoles, además, tenemos mucho arraigo al núcleo familiar, por lo que nos preocupamos de que nuestros padres y abuelos estén en las mejores condiciones. Todo ello hace que el trabajo desempeñado por las empleadas del hogar sea de gran ayuda.

Las condiciones de estas profesionales, sin embargo, no son siempre las que deberían. Se estima que el 50% de las personas que trabajan en el sector doméstico en España lo hacen cobrando en negro y sin estar dadas de alta en la Seguridad Social. En cuanto a la retribución, el sueldo mínimo de una cuidadora interna tendría que ser de novecientos cincuenta euros en catorce pagas, pero lo cierto es que muchas cobran menos de la mitad. Esto, junto a las jornadas interminables y la poca regulación, hace que muchos consideren que el empleo doméstico en régimen interno es la esclavitud del siglo XXI. Nadie mejor que Luba, que ha ejercido esta profesión durante muchos años, para darme su opinión al respecto.

—No hay mucha gente dispuesta a trabajar seis días a la semana, viviendo y durmiendo en la casa en la que está empleada, sin tener vida social más allá de los domingos. ¿Qué opinas tú? —le pregunto a Luba.

—Hombre, esclavas no somos porque lo elegimos nosotras y nos pagan por ello —contesta ella categóricamente—. Lo que es evidente es que no es un trabajo para todo el mundo.

—A las chicas jóvenes normalmente les resulta mucho más duro —asegura mi madre—; tienen ganas de salir, de conocer gente, de vivir con sus novios...

—Yo, cuando llegué a España, eso ya lo había hecho —afirma Luba—. Trabajando como interna ganas más dinero y gastas poquísimo. Ten en cuenta que lo ahorras prácticamente todo: no tienes que pagar alquiler de casa, ni luz ni comida...

—Ni ocio, porque solo libras unas horas a la semana y no puedes hacer nada más que trabajar —digo yo haciendo de abogado del diablo, para ver cómo reacciona ella.

—Es que yo no lo veía como un trabajo, Verónica. Me sentía una más de la familia. Yo en casa de tus abuelos no trabajaba, ¡yo vivía!

—Pero sí que era un trabajo, Luba. Te tocaba cocinar, limpiar, fregar...

—Bueno, ¡pues igual que hacía en Ucrania! Cuando vivía con mis hijos y con mi marido también tenía que ocuparme de la casa. Somos mujeres, Verónica, es lo que nos toca.

Podría sacar mi vena feminista e intentar hacerle ver que no por ser mujeres nos corresponde ocuparnos de esas tareas, pero no es el momento. Entiendo que a Luba y a mí nos separan muchos años y que ella ha vivido asumiendo que eso es así. Prefiero quedarme con el hecho de que ella se encontraba muy a gusto viviendo en España con mis abuelos y Maca.

Cualquiera que no conozca a Luba puede pensar que su discurso es poco sincero y que lo dice solo por quedar bien, pero nada más lejos de la realidad. Luba no era solo una trabajadora en casa de mis abuelos. Los atendía, por supuesto. Pero lo hacía como si fuera un miembro más de la familia. Comía con ellos, veía la tele con ellos, leía con ellos, se sabía la vida amorosa y profesional de cada uno de sus catorce nietos... Y aunque tiene amigos ucranianos que viven en Madrid, las fechas especiales, como su cumpleaños y Navidad, las celebraba con nosotros.

Yo la considero como una tía más y la quiero más que a muchos de mis tíos carnales. Pero, más allá de lo bien que la acogiéramos, la clave de su bienestar fue siempre su actitud. Al llegar a España, decidió ver esa nueva etapa no como un trabajo, sino como una vivencia. Lo mismo hizo todas las veces que se fue a Ucrania y todas las veces que volvió a España. Luba no afronta las vicisitudes como si fueran pruebas que superar, sino como nuevas fórmulas para ser feliz. Una manera de vivir que contagia entusiasmo a quienes tienen la suerte de conocerla. La prueba de ello es lo contenta que está ahora mismo Maca, una de mis personas favoritas de este mundo, que acaba de salir de la cama con el pelo revuelto y la camisa mal abrochada, reclamando que la llevemos a VIPS para celebrar su cumpleaños con su querida Luba.

AGRADECIMIENTOS

A Gonzalo Albert, por confiar en mí mucho antes de que yo lo hiciera.

A mis padres, por darme alas para volar —literalmente— y dejarme hacerlo a mi manera.

A J, por su paciencia.

A Marlene. Ella sabe por qué.

A todas esas personas y familias que me han recibido por el mundo, por regalarme su tiempo e invitarme a hacer una inmersión en sus culturas, y hasta en sus propios hogares.

Y, sobre todo, a las protagonistas de este libro, por contarme su historia y atender las llamadas, whatsapps e emails de esta periodista española extremadamente pesada.

Este libro
se terminó de imprimir
en el mes
de enero de 2022